Insel taschenbuch 5000
Stille Nacht, Katzennacht

Elisab.

Auf leisen Pfoten machen sie sich auf, die verlocken-
de Weihnachtswelt vor dem Fenster zu erkunden,
eine warme Zuflucht zu suchen oder sogar ein neues
Zuhause zu finden ... Von einer Katze, die einem ganzen Dorf Glück bringt, einer, die beinahe ein Desas-
ter in der glitzernden Pariser Modewelt auslöst, und
anderen, die sich in Venedig zu weihnachtlichen Ret-
tern in der Not zusammentun ... – von diesen und
anderen Abenteurern erzählen die hier erstmals ver-
öffentlichten Geschichten von Annette Amrhein,
Claire Beyer, Dorette Deutsch, Ellen Dunne, Roberta
Gregorio, Gabriela Jaskulla, Tatjana Kruse, Christiane Lind, Nadja Mayer, Theresa Prammer, Ilke S. Prick,
Henrike Wilson und Franziska Wolffheim.

Stille Nacht, Katzennacht

Die schönsten Geschichten zum Fest

Herausgegeben von Gesine Dammel

Insel Verlag

Klimaneutral
Druckprodukt
ClimatePartner.com/14438-2110-1001

Erste Auflage 2023
insel taschenbuch 5000
Originalausgabe
© Insel Verlag Anton Kippenberg GmbH & Co. KG, Berlin, 2023
Quellennachweise am Schluss des Bandes
Alle Rechte vorbehalten. Wir behalten uns auch eine Nutzung des Werks
für Text und Data Mining im Sinne von § 44b UrhG vor.
Umschlaggestaltung: zero-media.net, München
Umschlagabbildung: Maxim Krioukov, Berlin
Satz: Satz-Offizin Hümmer GmbH, Waldbüttelbrunn
Druck: CPI books GmbH, Leck
Printed in Germany
ISBN 978-3-458-68300-1

www.insel-verlag.de

Inhalt

Claire Beyer
Karls Katze.
Oder wie es hätte sein können

Karls Katze verließ so gut wie nie auf eigenen Pfoten
ihre vier Wände. Sie kannte weder das Land ihrer Ur-
ahnen (Birma oder Myanmar, wie es heute heißt)
noch streifte sie durch die Gärten und Straßen von
Paris. Sie sei dafür zu weiß, zu blauäugig und zu sehr
den Menschen zugewandt, dieser Ansicht war jedenfalls Karl. Er hätte nicht eine seiner Modelinien zu-
stande gebracht, wäre seine Katze nicht an einem sicheren Ort, also in seiner Nähe gewesen. Auch der
enge Kreis seiner Vertrauten sah das so. Die Leute im
Studio, seine Haushälterin, die Köchin, die Reinigungsfrau und nicht zuletzt die Concierge. Sie alle
achteten auf die Katze und vertrauten ihrer eigenen
Überzeugung, dass, egal ob Tier oder Mensch, keiner
das luxuriöse Leben eines komfortablen Apparte-
ments mit dem Leben auf der Straße tauschen wollte.

Trotzdem passierte genau das.

Die Adventszeit war angebrochen und überall
leuchtete und klang es zu den Fenstern herauf. Es duftete nach feinem Gebäck aus der Boulangerie, roch
nach saftigem Schinken aus der Boucherie und glit-

zerte wie aus tausend bezaubernden Augen. Von einem Heizpilz zog Wärme die Hauswand empor und ringsum spielte fröhliche Musik, die den Straßenlärm vergessen machte. Die Katze sah, roch und hörte all das auf ihrem weichgepolsterten Fensterplatz und eine Sehnsucht machte sich unter ihrem halblangen Fell breit. Genau dort, wo das kleine Herz schlug.

Sie büxte bei der ersten günstigen Gelegenheit aus. Eine Unachtsamkeit der Haushälterin oder der Reinigungsfrau, genau ließ sich das trotz der energischen Schuldzuweisungen nicht mehr feststellen. Zu allem Unglück war die Concierge mit dem Betrachten der reichlich eingetroffenen Weihnachtskarten beschäftigt gewesen. Sie hatten ihre ganze Aufmerksamkeit auf sich gezogen, denn die Motive der bebilderten Weihnachtswünsche waren überaus kreativ und oft prächtig gestaltet. Funkelnde Tannenbäume, wolkenweiche Engel, Kugeln in allen Farben, bärtige Nikoläuse auf Rentierschlitten und märchenhafte Winterwälder, als wären sie greifbar nahe, waren zu verführerisch gewesen. Kurz, die Concierge erlag der Weihnachtspracht und bemerkte nicht, wie die Katze, als wäre es ihr tägliches Ritual, hinter dem Postboten durch die offene Eingangstür schlüpfte. Draußen blieb sie, ganz nach Katzenart, zunächst einmal auf dem marmornen Vorplatz sitzen. Weil es aber kalt war, schüttelte sie sich und bauschte ihr weiches Fell auf. Schließlich setzte sie Pfote für Pfote auf das Trottoir.

Bald schon wurde ihr der Menschentrubel lästig. Sie wurde geschubst und gestoßen, zur Seite gedrängt und verscheucht. Diese neue und völlig fremde Erfahrung trieb sie in eine kleine Gasse, die sich zwischen zwei eng aneinandergedrängten Häusern auftat. Sie floh förmlich hinein und fand sich vor einer schweren Holztür wieder. Hastig atmend kauerte sie vor einer kreisrunden Öffnung, die mit passender Klappe versehen war. Der Hausherr hatte die bewegliche Durchlassscheibe wie eine Bahnhofsuhr mit zierlichen Ziffern in grüner Farbe bemalt.

Keine Katze kennt Isaak Newton, doch der kannte seine Katzen. *Spithead* war ein unruhiger Geist, und weil Newton ständig von ihr gestört wurde, entwickelte er so nebenbei die Katzenklappe. Karls Katze profitierte – wie tausend andere zuvor – von dieser Erfindung und drückte sich nach kurzem Zögern hindurch. Neugier und Angst trieben sie ins Ungewisse. Sie verengte ihre Pupillen, um in der Dunkelheit des Hausflurs einen Weg zu finden, entdeckte aber bald einen Lichtstrahl, der unter einer schiefen Holztür hindurchschimmerte. Jämmerlich klang ihr *Miau*, ein Laut, den alle Katzen der Welt den Menschen vorbehalten haben. Der Ruf blieb nicht ungehört, und bald schon stand ein alter Mann vor ihr, den eine fremde Katze in seinem Haus offensichtlich nicht überraschte. Im Winterhalbjahr kamen täglich Katzen aus der Nachbarschaft herein. Manche waren so vertraut mit ihm, dass sie um seine Beine strichen oder auf seinen Arbeitsplatz sprangen, andere warteten schüchtern auf ein Schüsselchen Milch. Das war er also gewohnt und holte mit den Armen weit aus, um Karls Katze in seiner Uhrmacherwerkstatt willkommen zu heißen. Der alte Meister klemmte aus Gewohnheit eine Lupe an sein Auge und betrachtete den Neuankömmling interessiert.

Der Anblick von Karls Katze ließ ihn einhalten.

»Neu hier?«, fragte er in ihre Richtung und bückte sich, um über das weiche Fell zu streichen. »Du bist zu schön für die Straße«, sagte er versonnen, »viel zu schön«, und suchte unter dem dichten Fell nach einem Halsband und einem etwaigen Erkennungszeichen. Doch die Katze hatte nur ein mit Strass besetztes, schmales Kettchen angelegt bekommen, dafür gedacht, den Besitzer zu kennen, nicht um ihn zu finden. Kopfschüttelnd nahm der alte Herr eine Hand voll Trockenfutter und bot es ihr auf einem Teller an. Doch die Katze wusste nichts mit den krümeligen Stückchen anzufangen. Kalbsleberpastete, zartes Hähnchenfleisch, in mundgerechten Stücken serviert, etwas Rinder-Carpaccio am Abend, fettreduzierte Sahne am Morgen, das und andere Feinkostwaren standen auf dem Speiseplan, den Karl sich für seinen Liebling ausgedacht hatte. Trockenfutter war nicht dabei. Davon wusste der alte Meister natürlich nichts, ahnte jedoch, dass die kleine Fell-Madame sehr verwöhnt wurde. Schönheit kann auch ein Fluch sein, dachte er und wandte sich ratlos wieder seiner Arbeit zu. Vor ihm lag eine historische Spieldose mit mechanischem Uhrwerk, der eine Tonzunge abgebrochen war. In mühsamer Feinarbeit hatte er ein neues Zungenblatt erstellt, die Stimmung mehrfach überprüft und das Blatt schließlich mit dem Zungenbalken verschraubt. Jetzt ging es darum, das Werk zu reinigen und den Rätschenaufzug vorsichtig in Bewegung zu setzen. Als er den Deckel der Spieldose öffnete, kam das Segelschiff mit den drei Masten zum Vorschein, das aus feinmaserigem Balsaholz gefertigt und dessen Takelage vollständig erhalten war. Die Segel hatte er schon früher mit einem Spülmittel und Wasser behandelt, bis sie wieder in ihrem strahlenden Weiß leuchteten. So geduldig er seine Arbeiten verrichtet hatte, so fiebrig war er nun in Erwartung, die Melodie dieses kleinen Kunstwerkes zu vernehmen.

Aber er musste sich noch gedulden.

Mit einem Satz hatte Oscar, der Platzkater, die Tür zur Werkstatt aufgestoßen. Ihm gehörte die Straße, die Stadt, Frankreich, die Welt. Und das Kissen auf der Werkbank. Grau-schwarz getigert, die Ohren zu einem Blumenkohlmuster zerrupft, eine Pfote weiß, die andere schwarz, baute er sich vor Karls Katze auf und eh sie sich versah, wischte er ihr über den Kopf und fauchte ihr mit angelegten Ohren seinen fauligen Fischatem ins Gesicht. Karls Katze schoss buckelnd aus dem Zimmer, den dunklen Flur entlang und war schneller durch die Katzenklappe verschwunden, als es ein arroganter und wilder Kater registrieren konnte. Oscar war dennoch zufrieden mit sich, er hatte die Ordnung wiederhergestellt und sein Refugium für sich zurückerobert. Karls Katze jedoch hockte vor der schweren Holztür in der schmalen Gasse und versuchte sich zu orientieren. Ihre Ohren waren bis in die letzten ihrer siebenundzwanzig vorliegenden Muskeln angespannt, die Augen zu Schlitzen geformt. Sie befand sich nicht im marmornen Eingangsbereich ihres Zuhauses, so viel war ihr klar. Wäre sie in der Lage gewesen, ihre unbedachte Flucht aus dem Appartement zu bereuen, das wäre der richtige Moment dafür gewesen.

Der Uhrmacher seufzte, erhob sich von seinem alten Drehstuhl, öffnete die Eingangstür und bat seinen schönen Gast wieder ins Zimmer.

Wäre Monsieur Karl nicht außer Haus gewesen, hätte er unterdessen das Verschwinden seines Lieblings bemerkt. Er wäre längst außer sich geradewegs in eine Krise gesteuert. Die Modewelt würde die Erschütterung binnen kürzester Zeit zur Kenntnis nehmen müssen. Aktienkurse würden fallen, sollte die nächste Kollektion nicht rechtzeitig zur großen Haute-

Couture-Saison gezeigt werden können. Bereits gebuchte, internationale Model-Größen hätten längst zehn Karat große Tränen auf ihrem Instagram-Portal gepostet, Stoffhändler sähen sich auf ihrer kostbarsten Ware sitzenbleiben und die Schneiderinnen würden sich vor Verzweiflung in die Finger stechen. Karl riefe seinen Anwalt an, dieser den Polizeipräfekten von Paris. Eine Kommission würde gebildet und alle Mitarbeiter der Präfektur, auch jene, die sich bereits im Weihnachtsurlaub befänden, auf die Straße geschickt. Das große Aufgebot bliebe nicht unbemerkt und bald schon würden sich auch zahlreiche Bewohner von Saint-Germain an der Suche beteiligen. Die spontane Hilfe wäre nicht ganz uneigennützig, schließlich hätte Monsieur Karl eine stattliche Belohnung für das unversehrte Auffinden seines Lieblings ausgesetzt. Doch dann würde es dunkel und die Zeit bräche an, in der ein kultivierter Bürger von Paris sein Café aufsucht und sich mit einem Glas Prosecco auf das abendliche Menü einstimmt. Wobei sich die Gespräche selbstverständlich um Karls Katze drehen würden, so viel Einsatz müsse sein.

Jene Katze aber ließ sich von den leisen Bitten des Alten wieder ins Zimmer locken. Inzwischen hatte starker Schneefall eingesetzt, den der Nordwind gegen Hauswand und Fenster peitschte. Die Temperaturen waren stark gefallen und trotz ihres dicken, weichen Fells zitterte das Tier vor Kälte, Nässe und Angst. Oscar regte sich wie erwartet fürchterlich auf, ließ sich jedoch mit einer kleinen Zwischenmahlzeit beruhigen. Der Meister hatte schon Übung darin. Er seufzte ein weiteres Mal, denn die erneute Störung brachte seinen Zeitplan gehörig durcheinander. Die Spieluhr würde anderntags abgeholt werden und er wollte zuverlässig liefern können. Also richtete er ein ernstes Wort an Oscar. Er erklärte ihm, dass der Gast nur so lange bleiben würde, bis sich das Wetter bessere. Denn, fuhr er fort, er wisse doch, dass sich jede Katze im Umkreis von 15 Kilometern mühelos orientieren könne, und so finde auch die Schöne wieder in ihr Zuhause. Also soll er sich benehmen, ansonsten... Oscar hatte aufmerksam zugehört und so getan, als habe er jedes Wort verstanden. Das stimmte zwar nicht, doch der Tonfall des Alten machte ihm den Ernst der Lage klar und er gab erst mal klein bei. Der Meister wandte sich erneut seinem Werk zu. Der Aufzug, da war er stehen geblieben, erinnerte er sich. Der Rätschen-Aufzug. Er bewegte den Hebel des Federwerks mit äußerster Vorsicht.

Unterdessen hatte Monsieur Karls häusliche Belegschaft Himmel und Erde in Bewegung gesetzt, um das Tier zu finden. In jeden Winkel des Hauses wurde geschaut, Etage für Etage, die Keller- und Heizräume wurden inspiziert und zu guter Letzt der riesige Dachboden des Appartementgebäudes. Es wurde vermutet, dass sich das Tier noch immer innerhalb des Hauses befand, die Vorstellung, dass es ins kalte Nass nach draußen gelaufen war, schien abwegig. Doch genau das befürchtete die Haushälterin, als sie nach der vergeblichen Suche wieder in Monsieur Karls Räume trat. Sie ging zum Fenster des Salons und starrte in die Dunkelheit, drückte ihre Stirn gegen die kalte Scheibe und kämpfte gegen die Tränen an. Ihr Hals verengte sich und ihr Magen schmerzte. Immer wieder lief sie durch die verlassenen Räume. Als ihr Blick auf das verwaiste Kissen der Katze fiel, raubte ihr der Anblick schließlich jede Contenance und sie weinte hemmungslos. Ihre große Sorge galt allein dem kleinen Fellknäuel, wie sie sie nannte. *Ma petite boule de poils.* Sie sah hinter der offensichtlichen Schönheit jene Verletzlichkeit und Tristesse, die allen Wesen gemein ist, die wegen ihres Äußeren begehrt werden. Der Tränenfluss hielt eine Weile an, löste sie aber aus der Erstarrung, die sie seit der Rückkehr gefangen gehalten hatte. Sie holte ihren Wollschal, ihre selbstgestrickten Handschuhe, schlüpfte in ihren schweren Mantel und verließ die Wohnung. Monsieur Karls Lieblingscafé war hell erleuchtet, sie konnte sehen, dass dort bereits ein Weihnachtsbaum in hellem Glanz den Raum zierte, dass Gläser funkelten, dass die Gäste speisten und sich angeregt unterhielten, dass die Stimmung fröhlich und festlich war. Sorgenvoll ließ sie dieses Bild hinter sich und bewegte sich in Richtung Seine, als erhoffte sie sich vom majestätischen Fluss Trost und Hilfe. Immer wieder geriet sie ins Rutschen, fing sich aber meistens, bis sie dann doch wieder ins Straucheln kam. In letzter Sekunde fand sie an dem Schaufenstergitter Halt. Der Schreck war ihr in die Glieder gefahren, und nachdem auch noch ein Handschuh eingerissen war, beschloss sie, umzukehren. Doch etwas ließ sie innehalten.

Hinter dem Gitter stand die Eingangstür zu dem kleinen Uhrengeschäft offen und unter einer grünen Schreibtischlampe drehte sich eine Spieluhr. Der Sinn dieser bescheidenen Aktion erschloss sich ihr nicht wirklich. Vielleicht Werbung, vielleicht das Zeichen für die geöffnete Werkstatt, die sich auf der Rückseite des Gebäudes befand. Die Gründe dafür waren ihr einerlei, denn sie erkannte die Melodie, die sich anhörte, als würde sie von einem Spinett gespielt. Fein und leise und für Menschen gedacht, die mit jeder Faser ihres Bewusstseins das Außergewöhnliche wahrnahmen. Die Haushälterin vergaß für wenige Minuten die Kälte und Nässe, ihre Sorge und ihre Trauer und gab sich dem Klang hin. Sie sah sich als Kind in Straßburg, umhüllt von dicken Schneeflocken, die sie mit der Zunge zu fassen suchte, ihre kleine Hand in der festen Hand ihres Großvaters, mit geröteten Wangen staunend einem Chor

lauschen, der sich unter dem prächtigen Weihnachtsbaum gruppiert hatte.

Es kommt ein Schiff,
geladen bis an sein' höchsten Bord,
trägt Gottes Sohn voll Gnaden,
des Vaters ewig's Wort.

Das Schiff geht still im Triebe,
es trägt ein' teure Last;
das Segel ist die Liebe,
der Heilig' Geist der Mast.

Nie war sie ihrem Großvater näher gewesen und
nie mehr war es ihr vergönnt gewesen, einen solchen
Augenblick noch einmal zu erleben. Und jetzt, vor
diesem erleuchteten Schaufenster, im kalten, verschneiten Paris, auf der Suche nach einer Katze, klang
diese Melodie durch das Schneetreiben, traf ihr Herz
und ihre Erinnerung und wieder schnürte es ihr den
Hals zu. Sie nahm allen Mut zusammen und klopfte
an die Scheibe. Ein alter Herr wies ihr den Weg durch
die Gasse hin zu einer schweren Holztür mit der
runden Katzenklappe, die eine aufgemalte Uhr zierte. Nach kurzem Zögern klopfte sie nochmals und
ihr wurde geöffnet.

Olga ist weg

Venezianische Katzenbegegnungen

Der Winterhimmel über Venedig war grau, und Mimi hatte sich, um sich vor dem Regen zu schützen, unter einen Pfeiler der Calatrava-Brücke, der vierten über den Canal Grande, gesetzt, der gerade wieder Baustelle und mit rotem Plastikband abgesperrt war. Kein romantischer Ort, aber hier war sie wenigstens nicht dem Wind ausgesetzt. Von Schneeflocken, die ihr auf der Nase herumtanzten, keine Spur, wo sie Schnee doch so liebte! Obwohl morgen Weihnachten war, waren viele Besucher in der Stadt, vielleicht, weil sie das Fest einmal anders verbringen wollten. Für Mimi hieß es aufpassen: Nicht, dass irgendeine sentimentale Liebhaberin auf die absurde Idee kam, ihr würde menschliche Gesellschaft fehlen, und sie mit nach Hause nahm, um sie für ihr Enkelkind unter den Weihnachtsbaum zu setzen! Alles schon passiert! Mimi erinnerte sich noch an die Signora, der sie so lange die Arme zerkratzt hatte, bis diese verstand, dass Mimi keine Kuschelkatze war. Wahrscheinlich hatten die Menschen zu häufig im Netz gesehen, dass Menschen Katzen retteten, vielleicht, weil sie selbst gerettet werden wollten. Mimi jedenfalls wollte nicht gerettet werden, genauso wenig wie die meisten Männer. Mimi wollte Abenteuer erleben, sich den Bauch vollschlagen und manchmal auf Teresas blauem Sofa liegen.

Natürlich brauchte sie ein paar Verstecke, wenn sie unterwegs war. Immerhin war die Calatrava-Brücke ein Ort, der für Katzen einigermaßen sicher war. Denn Zweibeiner liefen immer Gefahr, sich beim Überqueren den Hals zu brechen. Vor lauter Rutschen auf durchsichtigem Glas und Trippelschritten zwischen den unregelmäßigen Metallstreben mussten sie sich auf die Brücke konzentrieren und achteten nicht darauf, was sich darunter befand. Manchmal hätten sich die Passanten ganz schön gewundert, was unter venezianischen Brücken geschah! Leider waren Zweibeiner inzwischen ja weit davon entfernt, überhaupt noch neugierig zu sein. Sie wussten noch nicht einmal, wie sehr sich *pantegane* in Venedig vermehrt hatten, seitdem weniger Katzen unterwegs waren. Die lagen gemütlich zu Hause auf dem Sofa, während ihre Zweibeiner auf ihr Handy oder den Fernseher sahen, es war zum Weinen. Und was die Brücken anbetraf, neulich hatte Mimi doch tatsächlich, schon in der Abenddämmerung, ein verliebtes Paar beobachtet, das seine Umarmung unter die Brücke verlegt hatte, anstatt unter der warmen Decke zu bleiben! Manche Menschen waren wirklich schamlos, sobald sie Venedig betraten. Als wenn die besondere Schönheit der Stadt nicht nur Respekt, sondern auch schlechte Manieren herausfordern würde.

Jetzt wartete Mimi schon eine halbe Stunde auf Canaletto, allmählich wurde der Regen heftiger. Canaletto mochte auch keinen Regen, vielleicht hatte er sich irgendwo untergestellt. Der Arme. Sie wollte ihm dieses Jahr ein besonderes Weihnachtsgeschenk machen, nur was? Einen silbernen Schraubenzieher, mit dem man, auch mit verminderter Pfotenkraft, böse Fallen ausheben konnte, hatte sie ihm schon letztes Jahr geschenkt. Mimi dachte nach, welche Geschenke ihr am besten gefielen. Am meisten mochte sie es, wenn ihr jemand eine spannende Geschichte erzählte, am besten eine abenteuerliche Katzengeschichte aus Venedig! Ihre Artgenossen trugen schließlich zur Schönheit dieser unvergleichlichen Stadt bei, wenn sie stolz über lauschige *campi* gingen, sich fotogen auf Fensterbänken räkelten oder auf steinernen Brunnen saßen! Vielleicht war es mittlerweile das schönste Geschenk, dass man anderen eine spannende Geschichte erzählte. Mimi schaute unter den Brückenpfeiler: Da saßen doch schon wieder ein paar betrunkene Zweibeiner mit Sektflaschen in der Hand! Ihr Blick wurde grimmig. Also wieder ein Junggesellinnenabend, das waren die, die sich am wenigsten beherrschen konnten und irgendwann in den Kanal fielen. In den meisten Bars wollte man sie nicht und hatte große Schilder aufgehängt: »*Qui niente addio al nubilato!*« Geschah ihnen nur recht, wenn niemand sie haben wollte. Also mussten sie sich die Brücken mit venezianischen Katzen teilen, was auch nicht schön war. Für die Katzen.

Mimi gähnte ein paar Mal und dachte darüber nach, wie sie zu einer wirklich schönen Geschichte kommen könnte, eine, mit der sie Canalettos Herz erfreute. Natürlich müsste eine *pantegana* im Mittelpunkt stehen, denn sie wollte ihm ja Ehre erweisen. Schrecklich, diese Leute, die nur Selfies machten und von sich sprachen. Da sah sie ein vierbeiniges, ziemlich nasses Wesen aus der Dämmerung auf sich zukommen. »Canaletto, was ist denn passiert?«, fragte sie, als er näherkam. So traurig und nass hatte sie ihn noch nie gesehen. »Meine Tante Olga ist ins Wasser gefallen!« »Was? Aber ... aber.« Canaletto japste nach Luft. »Ja, ich weiß, *pantegane* können normalerweise schwimmen, aber Olga nicht. Sie hat als Kind in Mestre gelebt und es einfach nicht gelernt.« Mimi seufzte. Mit ihrem Freund verband sie eine treue Freundschaft, wenn nur seine Verwandtschaft nicht wäre! An Weihnachten merkte sie das besonders.

»Wie ist das denn passiert, es hat doch nicht mit Weihnachten zu tun?« »Nein, oder doch. Du kennst doch die große Fährgondel, von einer Kanalseite zur anderen, bei *San Tomà*?« »Ja, und?« »Olga fährt jeden Morgen von *San Tomà* hinüber auf die andere Seite des Kanals und am Abend zurück. Meist versteckt sie sich, so gut es geht, aber die Gondolieri kennen und mögen sie. Olga ist eine höfliche und reinliche Ratte. Heute Morgen waren weniger Leute unterwegs, wahrscheinlich, weil bald Weihnachten ist. Für Olga war es also schwieriger, sich unter den Holzsitzen zu verstecken. Kommt doch da tatsächlich eine aufgetakelte Mailänderin mit Sonnenbrille, falscher Leopardenpelzjacke und Super-Handy, blickt auf Olga und fängt zu schreien an! ›*Aiuto, una pantegana!*‹« »Blöd. Und dann?« »Sie hat die Gondel so sehr zum Schwanken gebracht, dass Olga vor Schreck über Bord gesprungen und die Gondel gekippt ist! Im letzten Moment, weil die Signora mit ihren Prada-Schuhen auch noch nach ihr getreten hat. Leider konnten ihr die Gondolieri nicht helfen, obwohl ihr Elio noch ›*Scusa, Olga!*‹ hinterhergerufen hat. Und seitdem habe ich sie nicht wiedergesehen.« Canaletto schniefte traurig. »Und jetzt machst du dir Sorgen, dass sie ertrunken ist?« »Natürlich, und das vor Weihnachten! Ich habe sie immer gewarnt, vor der Boshaftigkeit von Zweibeinern sowieso.«

Der Regen war schwächer geworden, zum Glück, weil sich Mimi bei Regen nicht konzentrieren konnte. »Und jetzt?« »Wir müssen Olga suchen und brauchen einen Plan«, sagte Canaletto. »Du sagst, Olga war mit den Gondolieri befreundet?« »Ja, sie lieben und schätzen sie, weil wir Ratten Touristen erschrecken. Aber nur ein bisschen, damit sie sich nicht zu viel herausnehmen. Schließlich sind es mittlerweile allein wir Ratten, die den Zweibeinern noch Grenzen setzen!« »Na ja.«

Mimis Gesichtsausdruck signalisierte höchste Konzentration. »Ich hab's. Ich trommle meine Artgenossen zusammen. Sie sollen links und rechts entlang des großen Kanals die Anlegestellen und Palazzi absuchen!« »Lauter Katzen, da rennt sie doch erst recht davon!« »Wir werden sehen. Wahrscheinlich hat sie sich nur an einem sicheren Ort versteckt.« Mimi griff nach einem winzigen Handy, das sie wie von Zauberhand hinter dem Brückenpfeiler hervorzog. Dafür ist die Brücke gut. Man kann alles unnötige Zeug hinter ihren Pfeilern verstecken, dachte sie und drückte auf die Notruftaste: »Mimi an alle, könnt ihr mich hören?« Canaletto war schwer beeindruckt. »Und du meinst, das funktioniert?« »Natürlich, aber nicht, wie du denkst. Das Handy wollte ich nur mal ausprobieren. Es ist nämlich so, dass wir Katzen unsere Artgenossen durch unsere bloßen Gedanken herbeirufen können. Früher konnten das auch die Zweibeiner, aber das ist schon lange her. Von wenigen ausgenommen, die meist auch besondere Freunde von uns Katzen sind, haben Wesen ohne Fell diese besondere Fähigkeit verlernt.« »Schade eigentlich, war ganz schön praktisch.« »Ja, und spart Strom«, ergänzte Mimi, vorausblickend wie immer.

Canaletto erstarrte zu Granit, als er plötzlich aus allen Ecken schwarze, graue, schwarzweiße und getigerte Katzen in allen Größen auftauchen sah. »Keine Angst«, raunte sie ihm zu, »das sind venezianische Katzen und alle viel zu verwöhnt, um noch eine Ratte zu fressen. Außerdem bist du mein Freund.« Schützend legte sie die Pfote um seinen Hals. »Habt Dank, dass ihr so schnell gekommen seid!«, verkündete Mimi feierlich, an die Katzen gewandt, die sich ganz still und im Halbkreis vor sie hingesetzt hatten. »Ist doch selbstverständlich, Mimi«, raunte es durch die Menge, »eine Pfote hilft der anderen.« »Das freut mich. Ihr Lieben, auch wenn es euch vielleicht schwerfällt, dieses Mal müssen wir einer anderen Spezies helfen, wenn wir nicht wollen, dass in Venedig alles den Kanal runtergeht.« Sie holte geräuschvoll Atem. »Denn die liebe Olga, weitläufig mit meinem Freund Canaletto verwandt, ist bei einem Bootsunglück in den Canal Grande gefallen und seither nicht wieder aufgetaucht.« »Ooooh!«, maunzten alle gleichzeitig, und Mimi wusste einen Moment lang nicht, ob das Zustimmung oder Erstaunen war. »Ich fresse keine Ratten mehr«, verkündete schließlich ein winziges schneeweißes Kätzchen. »Ich weiß, liebste Mirabella. Wir sollen Olga auch nicht fressen, sondern wiederfinden.« »Ach so. Aber brauchen wir sie denn?« »Ratten, also venezianische *pantegane*, gehören zur Welt Venedigs genauso wie wir Katzen. Ratten sind äußerst reinliche Tiere, aber sie wühlen im Müll nach allem, was sie fressen können. Stellt euch mal vor, all die angenagten Pizzastücke, schlaffen Pommes und aufgeweichten Eistüten, die aus den Mülleimern quellen! Ohne Ratten käme die Müllabfuhr bei der Entsorgung nicht nach! Ohne uns wird Venedig eine Stadt aus der Retorte, die im Müll versinkt! Dann könnten wir gleich nach Las Vegas ziehen!« »Niemals!«, verkündeten alle gleichzeitig. Ein dicker roter Kater in der ersten Reihe meldete sich zu Wort. »Ich bin dafür, ein Sondereinsatzkommando ›Olga‹ einzurichten. Wenn du einverstanden bist, verehrte Mimi, leite ich die Kommission.« »Wunderbar, Artù, ich weiß, dass eine solche Kommission bei dir in den besten Pfoten ist.« »Er lebt nämlich bei einer früheren Kriminalkommissarin in Mestre«, raunte Mimi Canaletto zu. »Du hättest mal sehen sollen, wie die mit Stöckelschuhen auf Verbrecherjagd ging!« »Huch«, flüsterte Canaletto schon wieder, obwohl er sonst gar nicht schüchtern war. »Und wer ist das neben dir?«, fragte Mirabella, die noch nicht überzeugt war. »Das ist Canaletto, als mein Berater mit Sondervollmachten ausgestattet.« »Ach so«, gab sich das Kätzchen endlich zufrieden. Nie hätte sie zugegeben, dass sie zu Katzen-Vollversammlungen nur kam, um einen Kater kennenzulernen. Artù gefiel ihr, aber er war viel zu alt. Artù wandte sich zu den anderen um, nachdem Mimi ihm das Wort erteilt hatte. »Ich schlage vor, wir teilen uns in vier Gruppen ein: Zwei für die beiden Seiten des Canal Grande, die Olga in unbewohnten Palazzi suchen gehen, die dritte nimmt mit den Gondolieri Kontakt auf, die vierte durchsucht den Müll!« »Was, den Müll?«, maunzte Mirabella. »Den mag ich nicht!« »Okay, Mirabella, dann geh am besten gleich nach Hause«, fand Mimi ungehalten. »Schließlich geht es um Leben und Tod und nicht um Eitelkeit.« Beleidigt drehte sich Mirabella um. »Im Ernst, Mimi, wir sollen den Abfall durchsuchen?« Pantaleone war ein schöner grauweißer Kater mit einer Stimme zum Verlieben, die ihr durch Mark und Bein ging. »Nein, das machen schon die Möwen. Aber da, wo wir größere Ansammlungen sehen, könnten wir einen Blick in die Tüten werfen.«

»Canaletto, bist du einverstanden?« »Aber natürlich, liebe Freunde, und vor allem bin ich gerührt, weil ich so viel Hilfe von euch Katzen nicht erwartet hätte.« »Wir sitzen alle im selben Boot«, bekräftigte der schöne Pantaleone, »was man im Fall von Olga ja wohl wörtlich nehmen kann.«

Als Katzenpatriarch genoss Pantaleone große Autorität. Außerdem waren seine Ohren schneeweiß und behaart. Neulich hatte so ein kleines Mädchen gefragt, ob er ein Dinosaurier wäre. »Die Suche nach Olga ist eine gute Gelegenheit, den Zweibeinern endlich mal zu erklären, dass in dieser Welt alles zusammengehört: Bienen und Grillen auf die Wiese, Krokodile in den Nil und Katzen und Ratten nach Venedig!« Wenn er ehrlich war, hatte er ein etwas mulmiges Gefühl, außerdem war er für seinen sechsten Sinn bekannt. Eine Ratte, die vor Weihnachten verschwand und eine große Einigkeit aller Katzen auslöste! Wenn sich dahinter nur nichts Perfides aus dem Gehirn von Zweibeinern verbarg. Es war besser, er blieb auf der Hut.

»Ich suche am Kanal entlang von hier bis Rialto und nehme Canaletto mit, weil ich es für sehr wahrscheinlich halte, dass Olga auf der linken Kanalseite geblieben ist. Wenn sie Canaletto sieht, fürchtet sie sich wenigstens nicht«, sagte Mimi. »In Ordnung.« Artù und Pantaleone nickten gleichzeitig.

Mimi nutzte die hereinbrechende Dunkelheit, um, mit Canaletto im Schlepptau, Richtung Rialto zu ziehen. Wenn ihr Menschen entgegenkamen, versteckte sie sich hinter den zusammengeklappten Holzstegen, die für das Hochwasser bereitlagen. Was für Kunstwerke die meisten Brücken waren, aus uraltem Stein, Holz und Metall, jede aus einer anderen Zeit, und wie achtlos die Menschen darübergingen! Die Achtlosigkeit, ja, das war es, das Mimi an den Zweibeinern am meisten störte. Gegenüber der Bahnhofsbrücke lag die Lieblingsbar der Gondolieri, Elio kam gerade heraus. »Hallo Mimi, warum so eilig?« Dann fiel sein Blick auf Canaletto, der sich hinter ihrem

Rücken verbarg. »Oh, là, là, wen hast du heute dabei?«
»Das ist Canaletto, er ist mit Olga verwandt. Ich habe gehört, du warst dabei, als sie ins Wasser fiel?«
Elio nickte schuldbewusst, weil er Olga nicht gerettet hatte. »Du hast nicht zufällig eine Ahnung, wo sie
sich versteckt halten könnte?« »*La Olga, poverina!*
Keine Ahnung. Ich habe schon gehört, dass sie nicht
schwimmen kann. Deshalb ist sie ja auch jeden Morgen mit uns gefahren! Ich glaube, sie hatte immer
wichtige Termine, die Arme! Hoffentlich ist sie nicht
untergegangen!«

Elio blickte sich um und beugte sich verschwöre-
risch zu Mimi. »Ich hab gehört, jemand will den *pantegane* an den Kragen gehen.« Seine Stimme war leise und vertraulich geworden. Er neigte sich Mimi
noch mehr zu. »Diese Mailänderin, du weißt schon,
hat sich an den Bürgermeister gewandt. Er will Fallen
für *pantegane* aufstellen!« »*Oh dio mio!*« Mimi erschrak. »Das hat Olga nicht verdient«, ergänzte Elio.
»Weißt du denn, was sie auf der anderen Kanalseite
jeden Tag gemacht hat?«, erkundigte sich Mimi. »Na
ja, ich habe mal gehört, dass sie kranken Kindern
Abenteuergeschichten aus dem Geheimarchiv der
Ratten und Katzen erzählt!« »Na sowas, das gibt's?«,
fragte Mimi, mehr als überrascht.

»Elio, wir haben schon ein paar Suchtrupps losge-
schickt, aber Olga zu suchen, das kommt mir vor,
wie eine Nadel im Heuhaufen zu suchen.« »Meistens

hat es eine Logik, wenn Menschen verschwinden. Ich nehme an, bei Ratten ist es ebenso.« »Wie meinst du das?« »Na ja, denk doch mal nach, wer mag denn Ratten: Kinder eben, die mit ihnen spielen, oder jemand, der weiß, dass es ohne sie Venedig gar nicht geben würde.« Canaletto war völlig verstummt und hatte sich wieder hinter Mimis schönem grauweißen Rücken versteckt. Auf Mimi konnte er sich verlassen, aber alle anderen? Besorgt rieb er sich die müden Äuglein.

»Ich begleite euch ein Stück, ich muss sowieso Richtung Rialto.« Elio nahm seinen roten Rucksack ab. »Steig ruhig ein, dein kleiner Freund auch, der Arme, er hat so kurze Beine.« Canalettos Pfoten waren noch immer nass, dankbar kuschelte er sich in Elios Saunahandtuch. »Danke, Elio, *gentilissimo*! Das ist wirklich sehr freundlich von dir.« »Nicht der Rede wert. Ich weiß, was ich euch zu verdanken habe! Schließlich seid ihr die Einzigen, die den Zweibeinern noch Grenzen setzen!« »Oh, findest du«, hauchte Canaletto, dankbar und erfreut.

»Wenn ihr wollt, können wir unter den Brücken nachsehen, allerdings müsste ich kurz bei meiner Großmutter in *Cannaregio* vorbei.« »Aber gerne, Elio, wir sind dabei.« An der *Guglie*-Brücke blickten die drei unter alle vier Brückenpfeiler. Aber keine Spur von Olga, weit und breit; aber ein paar andere Ratten waren da, die sich bereit erklärten, weiterhin Ausschau zu halten. Dann ging's nach links, Richtung *San Giobbe*, zu den vorbildlichen Sozialwohnungen, die so schön waren, dass sich niemand vorstellen konnte, dass dort ganz normale Leute wohnten. Mimi nahm sich vor, irgendwann eine Liste aller venezianischen Orte aufzustellen, deren Besuch keinen einzigen Euro kostete. Elio setzte kurz seinen Rucksack auf den Stufen ab, sodass Mimi und Canaletto ein paar helle Blitze am dunklen Abendhimmel bewundern konnten, und sprang schnell ein paar Stufen hinauf. »*Andiamo, ragazzi*«, verkündete er ein paar Minuten später und verzichtete darauf, seine Tüte mit stacheligen Artischocken, die ihm die *nonna* mitgegeben hatte, in den Rucksack zu stecken.

»Wie fühlst du dich, Canaletto?«, raunte Mimi im Rucksack. »Och, eigentlich ganz gut, aus dieser Perspektive habe ich Venedig noch nie gesehen. Kommt mir ja fast wie eine Sightseeing-Tour vor, mal was anderes.« Mimi freute sich, dass ihr Freund plötzlich so positiv war. »Bin gespannt, was er als Nächstes vorschlägt.« Vielleicht Zwischenstation am Dogenpalast? Oder auf Torcello? »Canaletto, werd nicht banal!«

»*Ciao Elio, ciao vecio, come va?*«, hörten Mimi und Canaletto von allen Seiten.

»Und jetzt, seid ihr einverstanden, wenn ich mir eine *ombra* bei der *Vedova* genehmige?« »Aber ja, Elio, wir laden dich auf ein Glas ein! Die *Vedova* ist auch unser Lieblingslokal!«

Als er in die kleine, unscheinbare *calle* abbog, trat Paolo, der Erbauer von wunderschönen hölzernen *forcole*, dem Stützteil von Gondeln, ohne die man nicht rudern konnte, aus seiner Werkstatt heraus. »Ciao Elio, wen hast du denn im Gepäck?« »Zwei Freunde, die verzweifelt sind.« Neugierig schob Paolo die Abdeckung des Rucksacks beiseite. Dann sah er Mimi, die die Lieblingskatze seiner Cousine Teresa war. »Hallo Mimi, wieder auf Entdeckungstour durch Venedig? Und auch noch in Gesellschaft?« »Uns ist nicht zum Spaßen, Paolo«, mahnte Mimi. »Wir suchen Olga!« »Ach so, ich glaube, da kann ich euch weiterhelfen.« Canaletto war sofort hellwach. »Ehrlich, hast du Olga gesehen?« »Ja, natürlich, gestern haben wir gemeinsam einen Ausflug nach Torcello gemacht, sie wollte unbedingt dahin. Seitdem erzählt mir Olga Geschichten über die Katzen Venedigs. Manchmal habe ich den Verdacht, sie flunkert ein bisschen.« Er wies hinter sich. Olga saß vor dem Ofen und versuchte mit neugierigen Äuglein zu verstehen, was da draußen geschah. Sofort erkannte sie Mimi und Canaletto. »Olga, wir dachten, du seist ertrunken! Alle Katzen sind auf der Suche nach dir!« »Huch, zu viel der Ehre! Alle Katzen, das wäre aber nicht nötig gewesen!« »Und wie kommst du ausgerechnet in Paolos Werkstatt?« »Na ja, ich wollte mich erkenntlich zeigen. Paolo hat mich aus dem Wasser gefischt, als ich bei *San Tomà* in den Kanal gefallen bin. Er saß am Ufer, um eine neue *forcola* auszuprobieren.« »Und dann?« »Dann habe ich ihn gebeten, ob er mich nach Torcello begleiten kann. Da befindet sich nämlich seine Teststation.« Mimi kam aus dem Staunen nicht mehr heraus. »Für was?« »Na für hölzerne *forcole* natürlich, ohne die sich keine Gondel in Venedig fortbewegen kann.« »Und dann?«, fiel jetzt Canaletto ein. »Und dann habe ich dem kleinen Ettore, Paolos Sohn, Geschichten aus dem Geheimarchiv der Ratten erzählt. Er war nämlich krank und hat sich schrecklich gelangweilt, weil er so alleine war.« »Das heißt, du, Olga, leistest wirklich kranken Kindern Gesellschaft? Deshalb bist du immerzu unterwegs?« »Ja«, piepste Olga.

Mimi holte tief Luft. »Mimi, tu nicht so erstaunt«, mischte sich Canaletto ein, »es gibt sicher noch mehr Dinge in Venedig, von denen du keine Ahnung hast.« »Keine Angst, auch im Geheimarchiv der Ratten bist du die Hauptperson. Du und deine Spezies, meine ich«, ergänzte Olga zuvorkommend. »Und wo befindet sich dieses ... Geheimarchiv?«, wollte Mimi wissen. »Na auf Torcello natürlich, da, wo das Leben in Venedig begann. Bevor unsere Vorfahren es verließen, haben sie klugerweise dafür gesorgt, dass alle Dokumente erhalten blieben. Und darin haben die Ratten Venedigs alle Abenteuer und Begegnungen mit Katzen für die Nachwelt festgehalten!« Mimi rang immer noch mühsam nach Worten. »Und dann?«,

fragte sie, aber es war eher eine rhetorische Frage.
»Dann hat Paolo mich gefragt, ob ich in seiner Werkstatt wohnen mag und ihn gelegentlich nach Torcello begleite. Wisst ihr, ich war in den letzten Jahren
einfach zu viel unterwegs und brauche etwas Natur.«
»Unter einer Bedingung«, verkündete Paolo. »Dass
Olga meinem Sohn jeden Abend eine Geschichte aus
dem geheimen Archiv über Venedigs Katzen erzählt!« Mimi war einer Ohnmacht nahe, Canaletto
sagte lieber gar nichts mehr. »Sag mal, Olga«, Mimi
kam da plötzlich so ein Verdacht, »kann es sein, dass
du ein bisschen geflunkert hast? Ich meine, als du ins
Wasser gefallen bist? War daran wirklich die Mailänderin schuld, oder wolltest du einfach nur nach Torcello und hast eine Begleitung gesucht?« Olga wand
sich ein bisschen, aber nur ein ganz kleines bisschen.
Dann zeigte sie nach draußen. »Schaut mal, ihr Lieben, es hat zu schneien begonnen. Jetzt können wir
richtig Weihnachten feiern. Und diese Geschichte,
egal, ob sie wahr ist oder nicht, werde ich euch dieses Jahr zu Weihnachten schenken!« Mimi und Canaletto sahen sich tief in die Augen. »*Buon Natale,*
Canaletto!« »Frohe Weihnachten, Mimi!«

Gabriela Jaskulla

Ein feiner Herr

Und Carlos teilte das Meer. Das Meer wich vor ihm zurück, die Wogen teilten sich, und die Israeliten zogen trockenen Fußes hindurch, in die Freiheit. So ähnlich geht die biblische Geschichte.

Freilich war das in der Bibel ein gewisser Moses gewesen, nicht etwa ein Carlos. Und dies hier war auch kein Meer. Es war vielmehr die unbefestigte Straße, eine Straße, wie es im deutschen Behördenjargon hieß, vierter Ordnung, ein schmutziger Fahrweg also, recht breit und über die Jahrzehnte, die er sich durch den Ort zog, recht ausgewaschen. Nicht der Meeresgrund, sondern der Dorfgrund. Der Dorfgrund mit dem klingenden Namen *Sonnenweide* wurde rechts und links gesäumt von den typischen, schon hundert Jahre alten Siedlungshäuschen, die den Menschen damals sichere Bleibe und eigenständige Wirtschaft versprochen hatten. Die Sonnenweide war voller Krater und Senken, hier sammelte sich der Sand, der an erhabeneren Stellen dünn war, fadenscheinig, sich als bleiche Mehlschicht über den Laib der Straße legte. Über den Straßenlaib, über beides, Senken und Buckel, zog der berühmte Wind dieser Gegend, Wind, der Sand, Staub und Mergel zu

Wirbeln, zu Wolken erhob, immer dann, wenn ein Autor vorbeifuhr oder sich der warme Wind einen Spaß machte. Früher war die Straße direkt auf eine Mauer zugelaufen, nicht auf irgendeine, sondern auf das berühmte Bollwerk aus doppeltem, über-mannshohem Beton, das das eine Deutschland vom anderen trennte, aber in dem Befreiungsfuror, der das Land vor mehr als dreißig Jahren erfasst hat-te, war die Mauer abgerissen worden, sodass der Wind jetzt auf keinerlei Widerstand mehr traf, die-ser Wind fand kein Ende und kein Ziel, sodass er in immer neuen Kreiseln über den brandenburgi-schen Sand tollte. Und mittendrin also Moses, alias Carlos, ein kleiner, schwarzhaariger Kater mit drei blendend weißen, irgendwie großstädtischen, ele-ganten Pfoten, der diese Straße hinaufzog und sie in ein Diesseits und Jenseits teilte. Genau mittig auf der Fahrbahn spazierte Carlos in der gleißenden Sonne und mit solcher Eleganz, dass es einen wun-derte, dass Carlos weder Sonnenschirm noch Brille trug. Er flanierte da wie jeden Tag um diese Zeit, un-gerührt, so schien es, von Wind und Wärme, jeder Zoll ein Katzenherr. Und wie jeden Tag waren da Staubwolken um ihn herum und erhoben sich, kreisten und fielen wieder in sich zusammen, und eine ganze Horde von Spatzen stob auf und wich protestierend und kreischend zurück. Die Tauben-späher starrten von der Rotbuche. Die Mäuse verzogen sich. Und selbst Costa, die alte Schildkröte der griechischen Nachbarn, zog Kopf und Füße ein.

»Wie Moses! Wie Moses!« Der Ruf meines neunmalschlauen Enkels riss mich aus dem angenehmen leichten Schlaf, den ich mir jeden Nachmittag gönne. Immer um die gleiche Zeit. Immer auf der alten, dunkelroten Bank, die vor dem Häuschen steht – aber nur manchmal, viel zu selten begleitet von meinem Enkel.

Moses! Mein Enkel liebte die biblischen Geschichten, liebte überhaupt Geschichten, die in einer tatsächlichen Vergangenheit spielten, und auch sonst machte ich mir bisweilen Sorgen um den Jungen, der allzu vernünftig und wissbegierig schien. Mit drei hatte er sämtliche deutsche Ministerpräsidenten aufzählen können. Mit vier wollte er keine erfundenen Geschichten mehr. Mit fünf begann er, sich allein Englisch beizubringen. Nicht leicht für einen durchschnittlich begabten Großvater, der froh ist, die Politik los zu sein und die Gebrüder Grimm für die größten Genies unter den Erzählern hält. Jetzt aber war der Enkel ganz Kind, ganz Neugierde. Er war aufgesprungen, stand vor mir und wies mit dem Finger auf den Kater, der ohne besondere Eile an uns vorbeizog.

»Miez! Miez! Moses!«

Carlos reagierte nicht. Natürlich nicht. Er hieß ja nicht Moses. Aber er hätte auch nicht reagiert, wenn man ihn bei seinem richtigen Namen gerufen hätte. Denn Carlos war schwerhörig. Er konnte, so erzählten es seine Besitzer, zudem schon lange nicht mehr gut sehen; es irritierte ihn, wenn man seinen Fressnapf an einem anderen Ort als gewöhnlich abstellte, und *anderer Ort* konnte bedeuten, dass die Schale aus einer gewissen Lässigkeit heraus vielleicht nur eine Handbreit weiter links oder rechts abgestellt worden war. Auch kam es vor, so erfuhr ich, dass er mit seinem breiten Katerkopf erst einmal gehörig gegen die Haustür stieß, bevor er beim zweiten oder dritten Angehen – von Laufen konnte man hier nicht sprechen – den Eingang zu seiner Katzenklappe fand. Wenn ihm solches Ungeschick widerfuhr, beschwerte sich Carlos nicht etwa – kein Miauen und Mauzen war zu hören; er hielt vielmehr, so berichteten es die Nachbarn von gegenüber, die ihn und alles beobachteten, nur kurz inne, schüttelte sich andeutungsweise und versuchte es erneut.

Die Carlosbesitzer zwei Häuser weiter machten sich Sorgen. Sie beschlossen, noch mehr als früher auf Carlos zu achten, sie beugten sich jetzt öfter zu ihm herab, um ihn zu streicheln oder um zu prüfen, ob er nicht doch Blessuren davongetragen hatte, aber der alte Kater wich den untersuchenden Menschenhänden mit erstaunlicher Geschmeidigkeit aus. Er bestimmte gern selbst, wann und von wem er berührt wurde, das zeigte er unmissverständlich. Carlos war kein Schmusekater, sondern ein älterer Gentleman, der auf sich achtete, und genau dafür liebte ich ihn.

Ich liebte ihn auch für das schwarze, noch immer glänzende dichte Fell, für die übergroßen, sehr spitzen Ohren, für das entschiedene, klare Miauen, das er selten einsetzte und nur dann, wenn den einfältigen Menschen nicht auf andere Art beizubringen war, was er gerade brauchte. Er brauchte nicht viel. Und nicht oft.

»Wo geht er hin?«, fragte mein Enkel gerade. Ich zuckte die Schultern. Zwar war es offensichtlich, dass Carlos seine Rituale pflegte, dass er jeden Tag, ungefähr immer um die gleiche Zeit, seine Runden machte, aber ich wäre nie auf die Idee gekommen, ihn zu verfolgen. Es war ja nicht mein Kater. Es war eigentlich niemandes Kater, denn auch, wenn seine Besitzer – so hoffte ich jedenfalls – stets frisches Wasser und zwei-, dreimal am Tag Futter für ihn bereithielten, so signalisierte Carlos doch mit jedem Schnurrbarthaar, dass er für sich sein wollte, dass er unabhängig war, so unabhängig, wie ein alternder Dorfkater ohne Gesichtssinn es eben vermochte.

»Da oben ist eine Straße«, sagte mein Enkel jetzt, und ich hörte eine gewisse Dringlichkeit in seiner Stimme. »Ich meine: eine richtige Straße.« Er sah mich an.

»Wenn du willst«, sagte ich, »lauf ihm nach.«

Der Enkel zögerte, sprang bis zum Gartentor, hielt dann aber inne:

»Ach nein, vielleicht lieber doch nicht …«

Er spürte ihn auch, den Respekt, den Carlos jedermann einflößte.

Dabei war Carlos ein ganz gewöhnlicher Kater. Deutsch-Kurzhaar, so sagt man wohl, nur, dass die Leute, die das winzige schwarze Katzentier vor vielen Jahren verschenkt hatten, wahrscheinlich nicht einmal die Rassebezeichnung kannten. Es kam nicht auf die Rasse an, sondern auf das Mäusefangen. Das Katerchen hier allerdings war übrig. Auf dem stattlichen Hof im Nachbardorf, wo es, anders als hier, noch richtige Bauern mit Schweinen und Gänsen gab, war kein Bedarf für ein weiteres Katzenkind, das man ja erst einmal aufziehen musste, bevor es sich nützlich machen konnte. Und so waren die Nachbarn zwei Häuser weiter links zu dem Tier gekommen. Es dauerte lange, bis sie sich auf einen Namen geeinigt hatten, vielleicht, weil sie so viel zu tun hatten. Der Mann stürzte am frühen Morgen aus dem Haus, warf sich im Hinausrennen den Mantel über, suchte stets einige Minuten lang nach dem Schlüssel für die Garage, aus der er dann mit viel Schwung den großen SUV auf die Straße manövrierte. Dann war er weg, brauste in die nahe gelegene Hauptstadt, wo er in einem Industrieunternehmen Projekte verantwortete, die kein Mensch verstand.

Seine Frau riss es eine halbe Stunde später aus dem Haus, stets gefolgt von zwei mürrischen Kindern, die Steine vor sich her kickten, während die Frau Taschen, Tüten und Jacken in dem zweiten, kleineren Auto verstaute, das auf der anderen Straßenseite parkte, gleich hinter einer der langgezogenen Sandsenken. Sie fuhr langsamer los als ihr Mann, teils wegen der Senke, teils, weil sie noch im Losfahren sich selbst und das größere der beiden Kinder anschnallte, manchmal im Handschuhfach nach etwas kramte, während sie gleichzeitig versuchte, konzentriert nach vorn zu schauen, und ihre große Sonnenbrille zurechtrückte. »Von nichts kommt nichts!«, war der Wahlspruch der Familie. Und dann waren sie weg. Ruhe kehrte ein. Ich trödelte am Vormittag herum, räumte und kramte, mittags wärmte ich meist eine Suppe in der Mikrowelle auf, die ich lustlos löffelte. Dann brühte ich mir einen Kaffee, rührte Milch hinein und ließ mich auf der roten Bank nieder. Hielt ein Nickerchen oder zwei. Und wartete.

Mein Enkel wusste ja nicht, dass Carlos täglich zwei Runden drehte. Eine am Morgen und eine am Nachmittag. Nur die nachmittägliche Runde ging mich etwas an.

Das war seit ein paar Jahren so. Vorher war Carlos nach üblicher Katzenart meist unsichtbar gewesen. Höchstens sah man einmal einen schwarzen Schatten durch den Garten huschen, hörte das protestie-

rende Kreischen einer Elster, das Keckern des Eichel-
hähers, hörte das Aufflattern der Holztauben, das
für meine Ohren klang, als würde man Geschirr-
tücher aufschütteln. Die Tauben, das waren die
Hausfrauen unter den Vögeln, schwäbische Hausfrauen, ganz gewiss, immer tipptopp, immer auf dem
Quivive, adrett und äußerst wehrhaft zugleich. Sie
führten im Garten das Regiment. Carlos aber war
der unsichtbare Jäger, einer neben so vielen anderen
unsichtbaren, die in der Nachbarschaft auf ihre Weise für Ordnung sorgten, also die Mäuseschar klein-
hielten. Carlos interessierte sich nicht für Menschen,
sondern allenfalls für Gärten und hier nur für das
Unterholz, das Deckung bot, für Farngestrüpp, für
hochwachsenden Efeu. Menschen waren in Ordnung, solange sie sich auf ihren Terrassen aufhiel-
ten oder – schön zusammengeschoben in übersicht-
lichen Gruppen – auf knallbunten Designerstühlen
Unterhaltungen pflegten. Sie bewegten sich erfreu-
lich wenig. Außer am Samstag. Dann war Häckseln
und Schreddern und Rasenmähen angesagt – und
Carlos ließ sich nicht blicken. Es fiel mir irgendwann auf, dass Carlos ein Montag-bis-Freitag-Kater
war, aber sonst kümmerte ich mich nicht um Katzen, solange sie die brütenden Vögel in Ruhe ließen.
Darauf achtete ich. In meinem Garten hat eine Hütte
die Jahrzehnte überdauert, und über die Jahrzehnte
hat sich Efeu über sie hergemacht, dichter Efeu, di-

cker Efeu, dessen Blätter längst ledrig glänzen. Alter Efeu kann Früchte hervorbringen, und diese schwarzen, kleinen Früchtedolden sind offenbar ein delikater Imbiss für Bienen und Vögel gleichermaßen. Die alte Hütte im Garten ist eine vielbesuchte Raststätte für allerlei kleine Tiere. Diese Hütte behielt ich im Auge. Deshalb fiel es mir auch auf, als sich Carlos eines Tages in, wie ich fand, bedenklicher Nähe zum Efeu herumtrieb. Ich wollte ihn schon verscheuchen, da sah ich, dass er auf halbem Weg abdrehte. Er hatte nicht die Hütte im Sinn, sondern etwas, das davor wuchs: Es war die alte, zartgelbe Rose »Frisia«, die einen feinen, zitronenleichten Duft verströmte. Ich hatte sie wegen des Aromas gekauft, nicht wegen der Blüten, und wenn der Wind günstig stand, duftete »Frisia« bis zu mir herüber auf die bröckelnde Veranda und versüßte mir das Abendbrot, das ich seit ein paar Jahren allein einnehmen musste, seit Lena fort ist. Jetzt stand der kleine, schwarze Carlos vor der gelben Rose, setzte sich auf die Hinterbeine und reckte seinen langen, schlanken Hals, streckte sich – und schnupperte an einer Blüte. Er schnupperte und schnupperte, er tauchte seine Nase geradezu hinein und dabei erhob er sich und begann mit seinen Pfoten hin und her zu trippeln, ganz so, als wollte er möglichst viel von dem köstlichen Geruch einsaugen. Kein Zweifel: Mein Carlos war ein Genießer! Ich trollte mich. Gentlemen stören einander nicht.

Von da an besuchte Carlos regelmäßig die gelbe Rose. Und regelmäßig verzog ich mich ins Haus. Die Terrassentür ließ ich geöffnet, denn ich wollte ja wieder nach draußen. Eines Tages stand Carlos plötzlich auf der Schwelle. Ich erschrak, als hätte *ich* eine Grenze überschritten! Carlos stand da, ein wenig unsicher vielleicht – und miaute. Es war klar, was er wollte: Er wollte herein. Er wollte ins Haus – aber es war auch klar, dass er dazu meiner Hilfe nicht bedurfte, schließlich stand die Tür offen. Trotzdem sagte er so etwas wie »Hallo!«. Und prompt rutschte mir ein »Oh, hallo Carlos!« heraus. Was er wiederum mit einem, wie mir schien, freundlichen Miauen quittierte. Ich bewegte mich wie auf Eiern. Warum war ich so verdammt vorsichtig, wenn ich doch nur dem Kater-vom-Nachbarn-zwei-Häuser-weiter ein Schälchen Milch anbieten wollte? Aber alle Vorsicht war umsonst: Carlos umschiffte das Milchschälchen wie ein lästiges Hindernis, sah sich kurz und konzentriert im Wohnzimmer um – und ging mit selbstbewussten kleinen Katzenschritten in den Flur, dahin, wo eine geschwungene Treppe nach oben führte – und war weg.

Es wunderte mich nicht, dass sich Carlos sofort in dem kleinen Häuschen auskannte: Alle Siedlungshäuser hier sind in den 1920er und 1930er Jahren nach demselben Bauprinzip errichtet worden. Die einen haben die Eingänge links, die anderen rechts.

Die einen verfügen über einen Erker, die anderen nicht. Sonst sind sie nahezu gleich. Grundrisse, Terrassenanlagen, Brunnen im Garten. Unter Denkmalschutz stehen sie alle.

»Zweiter Ordnung«, sagte mein architekturinteressierter Enkel. »Einen Anbau dürftest du schon machen. Nur nicht nach vorn.« Wie recht er hat! Anders als die bautüchtigen Schwaben gegenüber und die immer expandierenden Familien aus der gehobenen Nachbarstraße ist mir daran gelegen, alles so zu erhalten, wie es ist.

»Du bist konservativ«, sagte mein Enkel und probierte damit offensichtlich ein neues Wort aus.

»Kann sein«, antwortete ich. »Das muss ja auch jemand übernehmen.«

Jetzt aber war der Kater weg. Ich eilte ihm, so gut es ging, in den ersten Stock nach. Im ersten Stock liegt mein Arbeitszimmer. Es ist erst ein Arbeitszimmer geworden, seitdem ich nicht mehr arbeite. Also nicht mehr gegen Gehalt. Seitdem habe ich mich hier unterm Dach eingerichtet, ein Schreibtisch mit Blick in den Garten, an dem ich sitze und manchmal schreibe und ziemlich oft träume. Im rechten Winkel zum Schreibtisch steht der verschlissene Diwan mit der guten Kaschmirdecke darauf. Und auf der Kaschmirdecke lag Carlos. Und schnurrte. Es war ein Bassbariton-Schnurren, überraschend laut, es hatte einen kehligen Ton, er brodelte geradezu, der kleine

Kater. Und schaute mich an, aus klaren, bernsteinfarbenen Augen. »Na gut«, sagte ich, als habe er eine
Frage gestellt. »Dann wollen wir mal«, sagte ich, eher
unsicher, und setzte mich an den Schreibtisch. Was
sollte ich sonst tun? Wo ich schon mal da war, konnte ich vielleicht die alten Hefte mit den Notizen her-
vorholen und nachsehen, ob etwas dabei war, auf
dem sich aufbauen ließe. Carlos schnurrte sich offenbar ein. Und als ich mich allmählich in die Unterlagen vertiefte, ließ er den schweren Kopf auf die
Vorderpfoten sinken. Das Brummen wurde tiefer,
leiser – der Kater schlief ein.

Von da an besuchte mich Carlos regelmäßig, nach
einem nur von ihm durchschauten Rhythmus.
Nicht jeden Tag – aber mehrmals in der Woche. Immer miaute er auf der Schwelle, als wollte er fragen,
ob es mir recht sei, immer lehnte er angebotene Er-
frischungen ab, und immer nahm er ohne viel Fe-
derlesens auf dem Diwan Platz, immer links, auch
wenn ich die Kaschmirdecke mal auf die andere
Seite gelegt hatte. »Entschuldige!«, sagte ich dann,
schob die Decke neben ihn und klopfte mit der fla-
chen Hand darauf, einladend. Carlos reagierte auf
solche Gesten nicht, das lernte ich schnell. Also wandte ich mich meinen Dingen zu, und Carlos, wie es
schien, sich den seinen. Das ging ein, zwei Stunden
so. Dann erhob er sich langsam und ein wenig steif,
streckte sich, machte einen beeindruckenden Buckel,

der das ganze Tier zu einem großen Bogen nach oben spannte, federte kurz in den Gelenken, nahm dann wieder Platz, putzte sich kurz, um dann, nach einem entschiedenen Hopser auf das Parkett, zu verschwinden. Nein, kein Abschied – bemüh dich nicht. So hätte man das leichte Wedeln des Katers interpretieren können. Und ich hatte wieder ein paar Seiten geschafft.

Monate gingen ins Land. Der Enkel wuchs und verlangte eine Konsole. Die Gemeinde erwog, die *Sonnenweide* aufzuwerten, also eine Straße dritter Ordnung daraus zu machen, sie würde dann im Winter geräumt, es wäre überhaupt viel praktischer, weil sie asphaltiert wäre – aber was sollte dann aus den Spatzenbädern werden? Und aus dem Staubmeer, das Carlos-Moses teilte?

Der Enkel half mir, Flugblätter zu verteilen, die er an meinem Rechner gestaltet hatte. »War doch eine gute Aktion«, sagte er anerkennend zu mir. Der Junge war neun. Er fand neue Begriffe. Er war mir haushoch überlegen.

Eines Tages fiel mir auf, dass der Kater immer dünner wurde. Wenn er sich streckte, sah man, wie struppig sein Fell geworden war. An den Schultern und an den Hüften schimmerte die rosige Haut durch. Ich erschrak. »Carlos, mein Guter ...« Auf ein bisschen Forellenfilet ließ er sich einladen. An diesem Tag schrieb ich nichts.

Der Herbst kam und wirbelte Blätterkaskaden von den Bäumen. Die Spatzen nahmen letzte Staubbäder in den Senken. Costa, die Schildkröte, zog in ihr Winterdomizil im Heizungskeller. Es regnete und hörte auf zu regnen. Der Nebel umarmte die Landschaft jeden Morgen. Die Gummistiefel des Enkels quietschten vor Nässe, wenn ich ihn vom Bus abholte. Wir sprachen jetzt weniger. Dann wurde es novemberstill. Eines Nachmittags schrak ich am Schreibtisch hoch, weil es im Garten ein Mordsgeschrei gab. Vögel stoben hin und her, sie flatterten auf und ab, sie stürzten immer wieder von der kahlen Kastanie und vom morschen Apfelbaum, ja es schien, dass sich Tauben und Elstern sogar verbündeten. Sie hatten offenbar einen gemeinsamen Feind, den sie nun vereint bekämpften. Sie ließen sich von hoch gelegenen Ästen fallen, sie kamen im Sturzflug und drehten im letzten Augenblick wieder ab – sie flogen Scheinangriffe. Und mitten im Garten, unbeeindruckt von dem Lärm und Geflatter, das Ziel ihrer Attacken – Carlos. Vielleicht war er auf dem Weg zu seiner Rose, vielleicht nahm er für seinen nachmittäglichen Bummel einfach einen anderen Weg, nach Jahren raus aus der Deckung, mitten über den Rasen. Wieder jagte eine Taube, den spitzen Schnabel voraus, nur knapp über seinen Rücken. Die anderen kreischten, als wollten sie Beifall zollen, aber der Kater zuckte nicht mal zusammen. Und womöglich war es seine

Ungerührtheit, die die Vögel erst recht in Rage versetzte. So aufgebracht hatte ich die Bande noch nie gesehen, dabei war nicht mal Brutzeit! Carlos jedoch wanderte ungerührt, mit allerdings seltsam schwankenden Schritten, zu der Buchenhecke am Ende des Grundstücks, wo er schließlich im Schatten verschwand. Er hatte sie nicht gesehen, die Feinde. Und er hatte sie nicht gehört. Carlos war mittlerweile, so berichten es die Nachbarn-zwei-Häuser-weiter, fast blind und nahezu vollständig taub. Sollte man solch einen Kater noch unbeaufsichtigt nach draußen lassen? Sie würden mehr achtgeben, sagten die Nachbarn, ihn vielleicht an ein Geschirr gewöhnen oder doch nur noch im Haus halten. Ich versuchte, ihnen mein Erschrecken nicht allzu deutlich zu zeigen.

»Katzen sind Katzen«, sagte ich nur lahm. »Man kann sie nicht einsperren, wenn sie wissen, was Freiheit ist.« Die Nachbarn nickten bekümmert. Trotzdem bekam ich Carlos jetzt seltener zu Gesicht. Ob sie ihn doch im Haus einsperrten, wenn sie zur Arbeit eilten? Oder ob Carlos selbst entschieden hatte, ein häuslicher Katzensenior zu werden? Die Arbeit an meinem Manuskript stockte. Gelegentlich fiel mein Blick auf die Kaschmirdecke, die sinnlos, wie es mir schien, und allzu ordentlich gefaltet auf dem Diwan lag.

Eines Tages traf ich die Nachbarin auf der Straße

vor ihrem Haus und sprach sie auf den Kater an. Da begann die Frau unvermittelt zu weinen. »Ach, der Arme«, schniefte sie. »Er wird den Winter wohl nicht überstehen ...« Sie erzählte eine Krankengeschichte, etwas von Arthrose und Herzkranzgefäßen, und wie sie ihn hätschelten und füttern mussten, wie er aber immer nur weiter abnahm und stiller und steif wurde. Sie wischte sich die Tränen ab. »Wie man an solchen Tieren hängt ...«, sagte sie entschuldigend.

An solchen Tieren? Ich schluckte eine biestige Bemerkung herunter.

Es wurde Weihnachten, und der Himmel tat den Brandenburgern den Gefallen und ließ es kräftig schneien. Das hatte es seit vielen Jahren nicht gegeben. Die Straße vierter Ordnung füllte sich mit Schnee, die Senken wurden zu Fallen für die Spaziergänger, und die Kinder erklärten die Sonnenweide zum Rodelhang, auf dem sie sich allerdings ständig anschieben mussten.

Es wurde laut tagsüber, es schien, dass es die Familien eilig hatten, ihre großen Wagen in den gewärmten Garagen zu parken, und dann stürzten alle nach draußen. Redeten, lachten, sahen den Kindern und den ausgleitenden Hunden zu. Und Carlos? Ließ sich nicht blicken. Jedenfalls nicht zu den gewohnten Zeiten. Ich hatte den Schnee von der roten Gartenbank gewischt, ein paar alte Decken daraufgelegt und trank jetzt kochend heißen Earl Grey, während

ich ... ja, wartete. Aber Carlos ließ sich nicht herbei-
locken, mit Gedanken nicht und auch nicht mit guten Wünschen. Ich redete mir ein, dass es wohl besser so sei, dass dies kein Wetter für einen betagten
Kater sein konnte, aber Ausschau hielt ich doch.
Und dann entdeckte ich ihn, eines Nachts, als ich
wie gewohnt nicht schlafen konnte und, wiederum
mit der Teetasse in der Hand, an das Fenster des kleinen Gästezimmers neben dem Hauseingang trat. Ich
weiß nicht, warum ich hinausschaute, schließlich
gab es nichts zu sehen außer Schneewirbeln und Flocken im Schein der alten Quecksilberdampflampe,
die vorläufig noch die Sonnenweide mit ihrem mä-
ßig gelben Schein erleuchtete. Schnee also, Weiße
und ein fahles Gelb und die eisschimmernde Straße – und da bewegte sich ein schwarzer Schatten,
ein kleiner Schatten, mitten auf dem Weg. Das war
Carlos, der sich unbeirrt seinen Weg über Reifenpro-
file und die Schneisen von Schlittenkufen bahnte. Er
ging die Straße hinauf, wie stets, er schaute nicht
rechts und nicht links, er ignorierte die Hindernisse,
als nähme er ihnen nicht übel, dass sie nicht zur Seite wichen, so war das eben neuerdings, kein Teilen
der Fluten mehr, keine moseshafte Beherrschung
der Welt – ihr nach eurer Art, ich nach meiner! Carlos hielt den Kopf mit den überspitzen Ohren erhoben, den Schwanz gerade nach hinten gestreckt, er
ging seiner Wege. Ich musste an mich halten, um

nicht an die Scheibe zu klopfen. Ich verschüttete den Tee. Ich war unsinnig froh.

Und so gesellte ich mich, ungewohnt guter Laune, zu den Nachbarn, als die Familie von gegenüber am Weihnachtswochenende einen Glühweinstand improvisierte, ich machte mit, als am Abend des ersten Feiertags alle zu einem Stelldichein an der imposanten Feuerschale der Schwaben schlenderten – aber dann wurde es sehr ruhig in der Sonnenweide.

Auch bei mir. Die Tochter und der Schwiegersohn hatten den Enkel doch nicht bei mir lassen wollen, das verstand ich, sicher wird ihm schneller langweilig, als ich es in meiner Alterssturheit bemerke, schließlich kann man nicht jede Woche eine Bürgerinitiative gründen – also räumte ich seufzend das Bett im Gästezimmer wieder ab und ging dann nach unten, ins Wohnzimmer. Eine merkwürdige Zwischenstimmung war das, seltsam, als lebte man im Wartebereich des eigenen Lebens. Oder Vergehens? Ich beschloss, dem Gedanken nicht auszuweichen. Warum aber die Kerzen am Baum nicht für mich allein entzünden? Warum nicht den feinen Portwein und die herrlichen selbstgebackenen Madeleines nur mir selbst servieren? Ich legte Musik auf – nicht zu sentimentale, ich musste jetzt aufpassen –, dann heizte ich den Ofen an, der ein bisschen rauchte und Widerworte gab. Also kurz die Terrassentür geöffnet und nach draußen geschaut, in diese ganz unwahrscheinliche, weiße Winterwelt. Wie gut die klare, ein wenig süßliche Luft tat. Und da, auf der Terrasse, saß Carlos. Ich erschrak kurz. Seine Augen waren trübe und müde, aus dem bernsteinfarbenen Leuchten war ein matter Goldton geworden, aber als er die offene Tür bemerkte, miaute er knapp und herrschaftlich wie früher, um dann, nach einem kaum merklichen Zögern, mit den gewohnten kleinen Schritten an mir vorbei ins Haus zu gehen. Bildete ich mir das ein, oder bewegte er sich wirklich ganz bewusst sehr gerade? So, wie ein Rentner, der beweisen will, dass er keinen Rollator braucht? Unwillkürlich schloss ich hinter ihm die Tür und ging ihm nach. Aber diesmal suchte Carlos nicht den Weg nach oben. Er zögerte, drehte sich um, schaute mich noch einmal an, wie fragend.

»Ist schon in Ordnung, Herr Carlos«, sagte ich und musste mich räuspern. »Wir können gern hier unten bleiben! Kleinen Augenblick nur!« Ich eilte nach oben, um seine Kaschmirdecke zu holen. Carlos stand noch immer im Zimmer, am selben Platz. Ich breitete die Decke auf dem Sofa aus, nahm selbst im Sessel gegenüber Platz und sagte: »Bitte schön. Mach es dir ruhig bequem!«

Carlos reagierte jetzt anscheinend auf meine Stimme, obwohl er doch halb taub oder dreiviertel taub war. Er ging mit unsicheren Schritten auf den Weihnachtsbaum zu, an dem es funkelte und leuchtete. Er näherte sich dem Baum vorsichtig, aber entschlossen, und dann, als er unmittelbar vor dem Baum angekommen war, ließ er sich vorsichtig auf die Hinterpfoten nieder. Er zögerte einen Augenblick, er setzte sich umständlich zurecht, als kämpfte er mit einem etwas wackligen Kissen unter sich – dann erhob er sich auf den Hinterpfoten und reckte sich, so weit er es vermochte, nach oben. Mit den Vorderpfoten hielt er die Balance, indem er – ein wenig unelegant, aber effektiv – in der Luft paddelte. Ein besonders dichter Zweig der Nordmanntanne hatte es ihm anscheinend angetan, der schwang einladend, als Carlos ihn mit der Nase berührte. Carlos ging behutsam vor. Er schnupperte und schnupperte, erst vorsichtig und langsam, dann entschiedener, und schließlich tauchte das ganze schwarze Katergesicht in den Baum ein. Das Paddeln hörte auf. Carlos war weg! Aus dem Baum drang jetzt ein tiefes, zufriedenes Bassbariton-Grollen, die gläsernen Kugeln zitterten ein wenig, sie klingelten leise, die Strohsterne schwangen, ein paar Kerzen neigten sich zur Seite, die kleinen Flammen züngelten. Es klang, als würde der Baum schnurren! Dann beruhigte sich alles. Nur noch das Leuchten und Schnurren des Baumes.

Ich griff nach dem Buch, das vor mir auf dem Tisch lag, ein Enkelgeschenk.

»Lass dir Zeit, Carlos«, sagte ich, ohne eine Ant-

wort zu erwarten. Und mir fiel ein, dass noch ein wenig Forelle im Kühlschrank liegen musste.

Annette Amrhein

Schwarze Weihnachtskatze von links nach rechts

Nun schneite es doch noch, einen Tag vor Heiligabend. Die Scheibenwischer kämpften gegen den Flo-
ckenwirbel. Die Straße war rutschig, ich war mit
dem Auto schon ins Schlingern gekommen. Das sollte mir nicht noch einmal passieren, also fuhr ich langsam. Feiertagsgedanken spukten mir im Kopf herum. Was für ein Segen, dass Jan das Kochen für sich
entdeckt hatte! Ich würde es mir im Wohnzimmer
gemütlich machen, mit Kerzen, Tee und Plätzchen
und allem, was dazugehört, und das Lied »Oh, es
riecht gut, oh, es riecht fein« hören, während er in
der Küche stand. Ich sah es schon vor mir. Er kam
mit einem Löffel Sauce oder Suppe und ließ mich
kosten. Ich sagte: »Mehr Salz« oder »Noch ein bisschen Sahne«, und lehnte mich entspannt wieder zurück.

Aber stopp, ich sollte mich besser auf die Straße
konzentrieren. Im heftigen Schneetreiben erkannte
ich nicht einmal das Kennzeichen des Wagens vor
mir. Nur die Rücklichter sah ich, die plötzlich rot
aufleuchteten. Ich nahm den Fuß vom Gas. Warum
um Himmels willen bremste der Fahrer denn?

In der nächsten Sekunde gab er wieder Gas und verschwand hinter dem Flockenvorhang. Im Licht meiner Scheinwerfer tauchte eine Katze auf. Sie war jetzt auf der Straßenmitte, drehte sich wie panisch um sich selbst und humpelte dann nach rechts. Ich bremste, ganz sacht, damit ich nicht ins Schleudern geriet. Dann hoffte ich nur noch. Die Katze lief von links nach rechts. Ich fuhr auf sie zu. Der Abstand verringerte sich. Ich musste langsamer, die Katze aber schneller werden, dann konnten wir es schaffen.

»Lauf doch, Süße«, stieß ich hervor, und endlich, haarscharf, kamen wir aneinander vorbei. War jemand hinter mir? Ein Blick in den Rückspiegel. Nichts. Rechts blinken und anhalten, Motor aus. Die Warnblinker anschalten. Was noch? Handbremse einlegen. Ich stieg aus und ging ein paar Meter zurück. Alles dunkel. Das Handy. Ich tastete meine Jacke ab. Da war es. Ich leuchtete die Straße ab. Rechts im Straßengraben musste die Katze sein. Aber wo nur? Bestimmt hatte der Wagen vor mir sie erwischt. Und war dann einfach abgehauen.

»Miez, miez«, rief ich. Ein paar Pfotenabdrücke waren noch zu sehen, bald würde die weiße Pracht sie zugedeckt haben. Ich folgte der mageren Spur und entdeckte das Kätzchen endlich in einer Senke wohl einen Meter neben der Straße. Ängstlich duckte es sich. Ich leuchtete es nicht direkt an und ging in die Hocke. Vorsichtig hob ich eine Hand und redete beruhigend auf das Tier ein. Vertrauen aufbauen dauert, dachte ich. Andererseits konnte ich hier nicht ewig halten, sonst fuhr noch jemand auf. Ich griff nach dem Kätzchen, es wehrte sich nicht. Es war vermutlich ein junges Tier, es wog nicht viel. Offenbar hatte es Schmerzen, denn es jaulte auf. Eilig kehrte ich zum Auto zurück.

Was tun? In den Kofferraum setzen? Wohl nicht. Auf den Boden vor dem Beifahrersitz? Aber was, wenn es in Angst und Panik herumsprang? Ich nahm die Decke vom Rücksitz, entfaltete sie mit einer Hand, machte der Katze damit im Fußraum des Beifahrersitzes eine Art Körbchen und setzte sie hinein. Obwohl die Innenleuchte an war, saß die Katze da unten im Dunkeln, so dass ich kaum etwas von ihr sah. Wie hatte sie eigentlich ausgesehen? Schwarz mit weißen Pfoten? Ich stieg ein und fuhr weiter. Falls sie sich bewegte, würde ich das schon im Augenwinkel wahrnehmen. Aber während der Fahrt sah ich nur stur nach vorn ins immer dichter werdende Schneetreiben. Es war zu gefährlich, den Blick von der Straße zu nehmen. Ich redete ihr die ganze Zeit gut zu. Vielleicht redete ich auch mehr mit mir selbst, denn ich musste nun so viel bedenken. Einen Tag vor Weihnachten eine Katze aufnehmen? Nein, der Gedanke war zu weit voraus. Zuerst zum Tierarzt. In meiner Straße gab es eine Tierklinik. Ich hatte früher gedacht, sie sei nur für Pferde zuständig, die vielen Pferdeanhänger und Ställe ließen das vermuten. Aber eines Tages hatte ich jemanden mit einem Vogelkäfig hineingehen sehen, und so bog ich einfach auf den Hof und hoffte auf Hilfe. »Du wirst sehen, hier kümmert sich jemand um dich und bald geht es dir besser«, sagte ich zu dem verängstigten Tier.

Erst im hellen Licht der Tierarztpraxis konnte ich mir die Katze genauer ansehen. Das Fell war vollkommen schwarz. Nicht ein winziges weißes Härchen. Und natürlich fiel mir der Aberglaube von der schwarzen Katze ein. Ich war nicht abergläubisch, aber ich kannte jemanden, der es war. Eine schwarze Katze an Weihnachten im Haus – das konnte ja heiter werden.

Das war auch Jans erster Gedanke, als ich endlich heimkam und ihm von der schwarzen Katze erzählte. »Was wird dein Weihnachtsbesuch dazu sagen?«, fragte er und nahm mir Katzenklo, Einstreu und Futter ab. All das hatte ich in der Tierklinik gekauft, ein Service, der vieles erleichterte. Ich zuckte die Schultern und kümmerte mich um die Katze. Ich ging in die Küche, nahm ein Schälchen, füllte etwas Dosenfutter hinein und in ein zweites Wasser. Beide stellte ich neben den Transportkorb und öffnete ihn. Das Katzenklo wanderte in den Flur, denn woanders war kein Platz dafür.

»Was hat die Behandlung gekostet?«, fragte Jan.

»Das willst du nicht wissen. Angeblich kann man fragen, ob die Stadt einem einen Teil der Kosten ersetzt. Es ist ja am Krüger-Park passiert, das ist Stadtgebiet.«

Jan nickte, fragte aber dann: »Wollen wir jetzt eine Katze haben? Das haben wir gar nicht besprochen.«

»Ich musste ihr einfach helfen und dachte, alles andere besprechen wir danach. Konnten wir uns jemals über etwas nicht einigen?«

Er schüttelte den Kopf. »Nein. Und ich kenne dich ja, du hast einfach ein zu gutes Herz. Das nützt mir ja auch.« Er grinste. »Hast du ihr schon einen Namen gegeben?«

»Nein. Sie hat bestimmt einen Besitzer. Der wird sie zurückhaben wollen. Da kann ich ihr doch keinen Namen geben. Die Klinik hat mir eine Liste mit Internetseiten gegeben, wo man ein gefundenes Tier melden kann. Gechipt ist die Katze nicht. Aber ich habe beim Tierarzt ein Foto von ihr gemacht.«

Wir setzten uns weit entfernt vom Transportkorb in die Essecke, um das Tier nicht zu bedrängen. Gespannt starrten wir hinüber. Da nichts geschah, nahm ich schließlich das Handy und gab den Fund in Gruppen und Foren im Internet ein.

»Kann sie überhaupt laufen?«, fragte Jan.

»Es war nichts gebrochen, und innere Verletzungen hat sie nicht. Sie hat ein Schmerzmittel bekommen, wegen der Prellungen.«

Wir warteten weiter. Jan holte irgendwann zwei Gläser Wein, wir tranken und starrten auf den Transportkorb.

»Vielleicht schläft sie«, sagte Jan.

»Wer weiß.«

Ich dachte an Weihnachten. Unser Baum stand immer auf dem kleinen Beistelltisch. Die Katze würde also nicht an die Kugeln herankommen.

»Sagst du Tante Dita, dass hier eine schwarze Katze ist? Oder lässt du sie einfach kommen?«, fragte Jan.

»Ich werde sie vorwarnen.«

Jan nickte. Tante Dita und ihr lächerlicher Aberglaube. Wir waren die einzigen Verwandten, die im selben Ort wohnten. Vor drei Jahren waren wir hergezogen und seitdem kam sie am Heiligabend zu uns. Genau genommen war sie meine Großtante. Ich kannte sie seit meiner Kindheit. Einmal verbrachte ich sogar die Ferien bei ihr und erinnerte mich lebhaft an ihre seltsamen Äußerungen. Spinne am Morgen bringt Kummer und Sorgen, ein zersprungener Spiegel sieben Jahre Pech – das waren ja bekannte Glaubenssätze, davon hatten viele Leute schon gehört. Aber Dita schien jeden noch so abseitigen Aberglauben zu kennen.

Ein Karton Schuhe, eben gekauft und kurz auf

dem Tisch abgelegt. »Schuhe auf dem Tisch, bist du verrückt? Das bringt Unglück!«

Jemand ging auf der Straße zwischen einem Pärchen hindurch und trennte es auf diese Art für ein paar Sekunden: Ganz schlechtes Omen! Besteck als Geschenk? Um Gottes willen. Gabeln zerstechen die Freundschaft! Tatsächlich hatte sie mit einer Cousine jahrelang nicht mehr gesprochen, weil die ihr Kuchengabeln geschenkt hatte. Und als sie mein ausrangiertes Besteck haben wollte, musste ich wenigstens einen Euro dafür annehmen. Besteck verkaufen war erlaubt, schenken nicht.

»Ich habe nach dem Quatsch mit den Gabeln, die die Freundschaft zerstechen, mal im Internet gesucht«, sagte ich zu Jan. »Habe nichts gefunden. Messer soll man nicht schenken. Zerschneiden die Freundschaft. Von Gabeln keine Spur. Dass heute überhaupt noch jemand an so einen Unsinn glaubt!«

Jan schüttelte den Kopf. »Tante Dita ist ja schon ziemlich alt. Junge Leute werden solche Hirngespinste hoffentlich nicht weitertragen.«

»Das hoffe ich auch. Du unterwirfst dich sinnlosen Verboten. Das ist das Gegenteil von Freiheit und Vernunft.«

»Oh, jetzt ...«, sagte Jan. Das Kätzchen kam aus dem Korb, geduckt, misstrauisch. Es schnupperte, sah sich um, bewegte sich vorsichtig zum Fressnapf. Es fraß gierig alles, hob aber immer wieder den Blick, um zu sehen, was wir taten. Es trank Wasser. Es sah sich wieder um. Und huschte unter das Sofa.

»Da wird sie nun wohl wohnen« sagte ich, stand auf und stellte den Transportkorb in den Flur.

»Wieso eigentlich sie? Ist es bestimmt kein Kater?«, fragte Jan und stand ebenfalls auf.

»Das hat der Tierarzt geklärt. Kein Kater.«

»Können wir ihr trotzdem einen Namen geben? Ich will nicht immer die Katze sagen. Selbst wenn sie nicht darauf hört, können wir so besser über sie sprechen.«

Er zog die Nase kraus und grinste mich an.

»Du hast schon einen«, riet ich.

»Genau. Fibi. Finde ich ganz süß. Ich kannte mal eine Katze Fibi. Setzen wir uns jetzt aufs Sofa? Wir legen die Füße hoch. Sonst hat Fibi sie immerzu vor Augen wie eine Schranke.« So machte er es. Aber ich wollte mich noch nicht setzen.

»Ich rufe erst mal Tante Dita an«, sagte ich und ging in die Küche. Ich telefonierte lieber allein.

»Sie ist komplett schwarz? Spinnst du?« Tante Dita war außer sich. »Ist sie dir denn von links nach rechts über den Weg gelaufen?«

»Nein, nein«, log ich, aber sie sagte: »Bringt Schlecht's! Und das kurz vorm neuen Jahr, wo man Glück gebrauchen kann. Bring sie bloß ins Tierheim!«

»Das ist nur ein schüchternes Kätzchen, das

Schmerzen hat. Ich werde es ganz sicher nicht ins Tierheim bringen.«

»Die blöde Katze ist dir wichtiger als deine Tante.«

»Man muss das nicht gegeneinander aufwiegen«, antwortete ich.

»Und wenn sie mir in deiner Wohnung von links nach rechts vorbeiläuft?«

»Dann drehst du dich schnell um und schon stimmt die Richtung wieder.«

Aber nichts half. Schließlich wurde sie richtig wütend und legte auf.

Ich stieß ein leises Pfft durch die Zähne und ging ins Wohnzimmer zurück.

Jan sah mich neugierig an.

»Ich glaube, die Ente müssen wir allein essen.«

»Das ist doch wunderbar«, sagte Jan. »Dita ist manchmal unmöglich. Wir haben sie jetzt das dritte Jahr hier. Wenn sie so lieb und nett wie Fibi wäre ... Aber so kann sie sich wirklich mal etwas anderes für Heiligabend überlegen.«

Wahrscheinlich hatte er Recht. Ich fühlte mich nämlich jetzt schuldig. Das war typisch Tante Dita. Ich tat etwas Gutes, ich half einem Tier und durch Ditas Kommentare fühlte ich mich schlecht. Draußen war der Schneefall in Regen übergegangen. Weihnachtsstimmung Fehlanzeige. Dagegen musste ich etwas tun. »Lass uns den Baum schmücken«, sagte ich. »Oder ob Fibi das aufregt?«

»Glaube ich nicht. Sie ist doch unterm Sofa in Sicherheit.«

Also holte Jan die Tanne vom Balkon, setzte sie auf den Ständer, und bald leuchtete sie in all ihrer Pracht auf dem hüfthohen Tischchen. Wir packten und kramten, knisterten und kicherten.

»Mir war gar nicht bewusst, dass wir so viele Tiere als Weihnachtsschmuck haben«, sagte Jan.

»Das liegt daran, dass ich sie gekauft habe«, antwortete ich und betrachtete unser Werk. Eulen, Eichhörnchen, Igel. In einer nostalgischen Kugel, die mit leonischem Draht umwickelt war, gab es einen Schwan. Dazu silberne Vögel, die man an die Äste klemmen konnte.

»Hier fehlt ganz eindeutig eine Katze«, sagte ich, als der Baum fertig geschmückt war.

»Nein, fehlt nicht«, sagte Jan und zeigte zum Boden.

Ich sah halb hinter mich, und da lag Fibi in einem leeren Karton.

»Ich habe gar nicht gemerkt, dass sie hervorgekommen ist. Ziemlich neugierig, die Kleine.«

Wir hockten uns beide hin und starrten in die Kiste. Fibi schnurrte. Dann schlief sie wohl doch nicht?

»Die Süße. Wie könnte sie jemandem Unglück bringen?«, fragte ich. »Wusstest du, dass schwarze Katzen in Tierheimen ewig lange warten müssen, bis sie mal jemand nimmt?«

»Nein, wusste ich nicht«, sagte Jan.

Ich strich Fibi sacht über den Kopf. Sie öffnete ein Auge, sah mich an, schloss es und schnurrte weiter.

Ich schloss auch die Augen. So konnte es bleiben!

Am Morgen schaute ich sofort ins Internet.

»Hat sich ein Besitzer gefunden?«, fragte Jan.

»Nein«, antwortete ich.

»Du klingst erleichtert«, sagte er und lächelte. »Ich habe ja nun drüber geschlafen und hätte nichts gegen eine Katze.«

Fibi war jetzt nicht mehr unterm Sofa, sondern hatte es sich darauf bequem gemacht. Sie stupste mich immer wieder an, als wollte sie sich vergewissern, dass ich echt war. Wenn Jan aus der Küche kam, um mich die Sauce kosten zu lassen, schnupperte sie interessiert.

Endlich trug er den Braten auf. Gedeckt war für zwei.

»Die arme Dita ist jetzt ganz allein«, sagte ich.

»Hör auf«, entgegnete Jan. »Sie ist nicht arm. Manchmal ist sie ziemlich zänkisch. Ich stelle auch nicht die Bedingung, dass jemand seinen Hund aus dem Haus entfernt, weil ich zum Essen komme. Ich finde es einfach wunderbar, dass wir statt Tante Dita eine süße Katze hier haben. Und die nächsten Jahre darf gern jemand anders Tante Dita nehmen. Deine ganze Familie ist doch froh, dass sie schon das dritte Jahr bei uns zubringen wollte.«

»Da hast du recht«, sagte ich. »Und was du gekocht hast, duftet großartig.«

Ich füllte mir auf, und da klingelte es an der Tür.

Tante Dita überfiel uns mit ihrer üblichen resoluten Art. Sie brachte Geschenke, obwohl wir vereinbart hatten, uns nichts zu schenken. Sie setzte sich an den Tisch, stellte fest: »Nanu, gar kein Gedeck?«, und sah schließlich Fibi. »Oh, die süße Katze, zeig dich mal.« Sie stand auf, ging zum Sofa und streichelte drauflos. Fibi hatte zum Glück wirklich kein Trauma und anscheinend war es ihr auch egal, dass sie so überfallen wurde.

»Aber sag mal, die ist ja überhaupt nicht schwarz. Sie hat doch ein paar weiße Härchen, das ist ganz offensichtlich. Wolltest mich wohl mit deiner Geschichte von der schwarzen Katze abschrecken?«, fragte sie schelmisch und hob einen Finger.

Ich sah sie durchdringend an, nur kurz. Dann sagte ich: »Moment, ich hole noch ein Gedeck aus der Küche.«

Das war doch nicht zu glauben! Ja, sie war tatsächlich über ihren Schatten gesprungen, um am Heiligabend nicht allein zu sein. Sie ertrug sogar eine pechschwarze Katze. Aber zugeben konnte sie es nicht. Und dann diese Art! Als hätte ich ihr absichtlich etwas Falsches erzählt. Sagte ich jetzt etwas dagegen, würde sie abwiegeln: »War doch nur ein Witz. Du bist aber schnell beleidigt.«

Nein, ich wollte mich an Weihnachten nicht streiten. Draußen pickten ein paar Amseln auf die Äpfel ein, die ich ihnen hingelegt hatte. Es sah aus, als würden sie sich darum balgen. Ich hörte, wie Dita ins Bad ging, ihr Gang klang immer leicht humpelnd. Das Wasser lief, sie wusch sich wohl die Hände.

Im Garten der Nachbarn leuchtete der Tannenbaum. Ich atmete durch. Dann kam Jan in die Küche.

»Wo bleibst du denn?«, fragte er. Ich drehte mich vom Fenster weg, nahm seine Hand und sagte: »Du, nächstes Weihnachten fahren wir ans Meer. Was hältst du davon? Ich wollte das doch schon lange.«

»Aber du hast gedacht, du bist Tante Dita verpflichtet. Bist du aber nicht.«

»Genau. Jetzt bin ich entschlossen. Und falls wir Fibi noch haben, nehmen wir sie mit. Aber das sagen wir heute nicht. Ich will das schöne Essen nicht mit Streit verderben.«

»Endlich!«, sagte Jan. »Endlich komme ich über Weihnachten ans Meer. Fibi ist eine Glückskatze!«

»Quatsch, Glückskatzen haben drei Farben.«

»Hat sie doch. Hast du das nicht gesehen? Neben dem weißen Haar, das Dita herbeifantasiert hat, war da noch so was Rotbraunes.« Er grinste breit und zwinkerte erst mit dem einen, dann mit dem anderen Auge. Ich prustete los. Wir lachten. Dita kam zu uns in die Küche, zog eine Augenbraue hoch. »Lacht ihr über mich?«

»Nein, kein Stück.« Aber ich hatte einen richtigen Lachkrampf und konnte mich gar nicht beruhigen. Jan zog mich zurück ins Wohnzimmer.

Bald hatte jeder sein Essen auf dem Teller. Mein Lachkrampf war besiegt. Wir wollten gerade mit Rotwein anstoßen, da fragte Dita: »Die Katze wird aber sicher jemand zurückhaben wollen. Ihr sucht doch nach dem Besitzer?«

»Natürlich. Wir nehmen nicht einfach jemandem die Katze weg«, antwortete ich.

»Genau«, stimmte Dita zu. »Ihr Herrchen oder Frauchen wird sie wiederhaben wollen. So eine hübsche Katze gibt man doch nicht einfach auf. Das würde niemand tun.«

Jan und ich sahen uns hintergründig an. Jan sagte: »Nein, das würde niemand tun. Frohe Weihnachten und guten Appetit!« Und in dem Moment spürte ich, wie Fibi sich warm an meine Füße kuschelte.

Tatjana Kruse

Orangissima

Am Weihnachtsfest vor einem Jahr wurde Gisela Bachmann, 62, Verwaltungsangestellte, zur Kriminellen. Nun ja, kriminell ist etwas übertrieben. Sie machte sich nicht im strafrechtlichen Sinne schuldig, aber sie brach die Regeln von Recht und Ordnung, an die sie sich sonst nicht nur selbst penibelst gehalten, deren Einhaltung sie auch anderen stets aufoktroyiert hatte.

Alles begann mit einem Ärgernis ...

»Weg mit dir!«

Für Frau Bachmann war das hier der Tropfen, der das Fass zum Überlaufen brachte und ihr die Contenance raubte. »Mach, dass du fortkommst!«

Sie wurde sonst nie laut, aber das Erdgeschosszimmer mit Aussicht auf den zubetonierten Parkplatz war nicht nur winzig und dunkel, die Heizung gab ununterbrochen infernale Geräusche von sich, das Bett hatte keine Daunendecke, sondern nur ein Laken nach amerikanischem Vorbild ... und jetzt saß draußen auf dem Fensterbrett auch noch eine Katze. Ein fettes, orangefarbenes Vieh. Das Frau Bachmann kritisch anstarrte.

Frau Bachmann war keine Katzenfreundin. Sie war auch keine Hundefreundin. Freundschaften waren generell kein Bestandteil ihres Lebens. Das war keine Absicht, es hatte sich einfach so ergeben.

»HUSCH!« Frau Bachmann schrie es aus voller Lunge. Sie wedelte dazu mit den Armen. Allerdings schrie und wedelte sie von der anderen Seite des Zimmers. Sie war Allergikerin.

Das Tier blinzelte sie durch die Scheibe nur gelangweilt an.

Frau Bachmann nahm den Hörer des Zimmertelefons zur Hand. Der Hausdiener sollte dafür sorgen, dass ihr Ausblick katzenfrei wurde. Wofür zahlte man eine Unsumme an Geld für den Busreisen-Weihnachtsurlaub – *Fünf Tage Cinque Terre mit Vollpension und deutschsprachiger Führung* –, wenn man dann Tiere im Zimmer hatte? Wo eine Katze war, da waren zweifelsohne auch Silberfischchen und Stechmücken.

»Auch das noch«, seufzte Frau Bachmann, als sie merkte, dass die Leitung tot war. »Das Telefon ist ein reiner Deko-Gegenstand.«

Die Katze miaute. Als ob sie durch die eindeutig nicht schalldichte Scheibe Frau Bachmanns Selbstgespräch gehört hätte und nun kommentierte.

Es war eine lange Fahrt gewesen bis hierher nach Sestri Levante. Erst war Frau Bachmann angesichts des wirklich schnuckeligen Hotels – mitten in der

Altstadt, aber mit Meerblick – entzückt gewesen. So viel Charme! Aber dann wurde sie vom Hausdiener einmal quer durch das historische Gebäude zu einem verwunschenen Innenhof geführt. Die dezente Beleuchtung ließ alles malerisch wirken, änderte aber nichts an der Tatsache, dass sie – die einzige Alleinreisende der Gruppe – ein Zimmer in einem winzigen Außengebäude bekam, das früher ganz sicher als Vorratsraum gedient hatte. Und nicht nur klein und dunkel war, sondern auch Tierbefall hatte.

Gefühlt betrug die Strecke bis zur Rezeption mehrere Kilometer. Sollte sie diese Wanderung jetzt auf sich nehmen, damit der Hausdiener mit dem Besen kam und die Katze verjagte? Frau Bachmann ließ sich erschöpft auf das schmale Bett fallen.

Sie sah zum Fenster. Die orangene Katze leckte sich die Pfote. Genüsslich. Mit jeder Pore ihres deutlich zu wohlgenährten Körpers schien sie zu sagen: Das ist mein Fensterbrett, und hier bleibe ich.

Frau Bachmann hatte seit vierzig Jahren keine Katze näher als auf zehn Meter an sich herangelassen. Sie konnte folglich nicht sagen, ob ihre Allergie aus Kindertagen immer noch so schlimm war wie damals oder ob sich das zwischenzeitlich verwachsen hatte. Konnten Katzenhaare und Katzenspeicheltropfen durch die Ritze zwischen Glasscheibe und Holzrahmen dringen?

Ich darf jetzt nicht einschlafen, sonst ersticke ich womöglich im Schlaf, dachte Frau Bachmann noch.

Und schlief ein.

Am nächsten Morgen wachte sie ruckartig auf. Keine Katze. Frau Bachmann legte die eineinhalb Schritte vom Bett ins Bad zurück und sah in den Spiegel. Nein, kein Ausschlag, keine geröteten Augen, nichts. Sie bekam auch problemlos Luft.

Frau Bachmann ging zum Fenster, das sie vorsichtig öffnete. Die Katze war verschwunden.

Der Reiseplan sah für diesen ersten Tag einen Ausflug nach Genua vor. Alle amüsierten sich prächtig, mit Ausnahme von Frau Bachmann. Nicht, dass ihr die anderen, allesamt Pärchen, das pure Beziehungsglück vorgespielt hätten – die meisten schwiegen sich an, ein paar stritten miteinander –, aber sie fühlte sich wie ein Satellit, der einen Planeten außerhalb der eigenen Galaxie umkreiste. Mit diesen Menschen hatte sie nichts gemeinsam. Sie fühlte sich nicht besser oder überlegen, einfach nur wie ein Fremdkörper. Eigentlich hätte das nichts Neues für sie sein sollen – so fühlte sie sich auch an ihrer Arbeitsstelle. Und in dem Zehn-Parteien-Haus, in dem sie wohnte. Und im Leben ganz allgemein.

Als sie vom Ausflug zurück nach Sestri Levante kamen, pochte ihr Kopf.

»Kommen Sie mit uns an die Bar? Ein Aperitif vor

dem Abendessen?«, fragte die Reiseleiterin, eine all-zu quirlige Anfangfünfzigerin mit wippenden Locken.

»Ich muss mich hinlegen«, knarzte Frau Bachmann, drehte sich um und ging. Sie war nicht absichtlich unhöflich. Kurz, prägnant und auf den Punkt, das war ihre Art. Nettigkeiten waren überflüssiges Brimborium.

Frau Bachmann marschierte durch das überbordend weihnachtlich geschmückte Hotel zu ihrem Zimmerchen. In Italien schien man eine Vorliebe für alles, was blinkte, zu haben – die Lichterketten blinkten, der überlebensgroße Hartplastik-Weihnachtsmann neben dem Eingang zum Speisesaal blinkte, die großzügig an den Wänden verteilten Weihnachtssterne blinkten.

In ihrem winziges Erdgeschosszimmer blinkte nichts. Es war dunkel und trotz röhrender Heizung kalt. Frau Bachmann sah zum Fenster. Die Katze, in all ihrer orangenen Pracht, schien sie spöttisch anzusehen.

»Wirst du wohl verschwinden!«, befahl Frau Bachmann streng und machte, aus sicherer Entfernung, Husch-husch-Bewegungen mit beiden Armen.

Die Katze kümmerte das nicht.

Frau Bachmann wedelte noch heftiger, und die Katze schaute, falls überhaupt möglich, noch desinteressierter.

Andere in ihrer Situation hätten womöglich das Fenster aufgerissen und das Tier angestupst, damit es sich vom Sims machte, aber Frau Bachmann mochte keine Körperkontakte, auch nicht mit Vierbeinern. Also marschierte sie – die personifizierte Empörung – zur Rezeption. Die Kugeln am Weihnachtsbaum in der Lobby fingen an zu baumeln, als sie ankam.

Es dauerte eine Weile, bis die einzige Empfangsdame, die Deutsch sprach, geholt werden und Frau Bachmann ihrer Empörung Luft machen konnte. »Die Katze muss weg«, schloss sie ihre ›Tiere im Hotel geht gar nicht‹-Tirade ab.

»Signora, es tut mir sehr leid. Es stimmt, die Katze schaut gelegentlich vorbei, aber normalerweise läuft sie immer davon, sobald man das Zimmer betritt. Ich werde gleich unseren Hausdiener vorbeischicken.« Die Empfangsdame klang nicht routiniert-geflissentlich, sondern ehrlich besorgt. Frau Bachmann war ihr Gast, und das Wohlgefühl der Gäste ging ihr über alles.

Diese Herzlichkeit nahm Frau Bachmann ein wenig den Wind aus den empört geblähten Segeln. »Äh ... danke schön. Vielleicht können Sie den Besitzer bitten, das Tier über die Feiertage bei sich zu behalten? Wir reisen am Sonntag ja wieder ab.«

»O nein, die Katze ist ein Streuner. Ich weiß, sie wirkt wohlgenährt, das liegt daran, dass die ganze

Nachbarschaft sie füttert. Sie hat offenbar schlimme Erfahrungen gemacht und mag keine Menschen, sonst wäre sie überall willkommen.« Die Rezeptionistin strahlte. Italienische Gastfreundschaft galt auch für Katzen. Dann schaute sie plötzlich ernst und stellte klar: »Überall, nur nicht hier im Hotel. Wir wissen, dass manche Gäste allergisch reagieren.«

Frau Bachmann nickte ihr zackig zu und kehrte auf ihr Zimmer zurück. Die Katze war weg. Gleich darauf schaute aber der runzlige, betagte Hausdiener von draußen herein. »*Nessun gatto*«, rief er und zuckte mit den Schultern.

Am nächsten Morgen wurde Frau Bachmann davon wach, dass sich alle in der Gasse »*Buon Natale!*« zuriefen. Als sie die Vorhänge zurückzog, saß die Katze auf dem Sims und sah sie an. Heute wirkte sie ein wenig zerrupft.

Frau Bachmann machte nur »Hmpf!« und ging ins Bad.

Nach dem Frühstück stand ein weiterer Ausflug an. Es war Heiligabend, und man wollte eine lebensgroße Schnitzkrippe in einem der Dörfer im Hinterland besuchen.

Dazu hatte Frau Bachmann keine Lust. Sie wollte lieber am Strand flanieren. Allerdings trübte es sich rasch ein, und es begann zu regnen. Der Wetterwechsel trieb sie gegen Mittag zurück ins Hotel. Als sie auf ihr Zimmer kam, war die Katze wieder da. Immer noch zerrupft und jetzt auch nass.

»Ich dachte, du magst keine Menschen und nimmst Reißaus«, sagte Frau Bachmann und versuchte es mit Ignorieren. Sie nahm ihre aktuelle Lektüre aus dem Koffer – sie reiste nie ohne Buch – und machte es sich auf dem Bett bequem. Einen Stuhl gab es in dieser winzigen Kemenate nicht. Aber es erwies sich als unmöglich, sich zu konzentrieren. Die Katze starrte sie an, und dieses Starren war nachgerade körperlich spürbar. Frau Bachmann sah auf.

»Du bist zu fett!«, rief sie. Weil das ihre Mutter früher auch immer zu ihr gesagt hatte.

Die Katze blinzelte nicht einmal. Für Katzen war Bodyshaming kein Ding.

»Geh doch irgendwohin, wo man dich schätzt!«, murrte Frau Bachmann. Im Gegensatz zu ihr hatte die Katze offenbar Menschen, die sie willkommen hießen und ihr Gutes taten. Frau Bachmann wusste, dass sie an ihrem Zustand nicht unschuldig war. Um nicht verletzt zu werden, verletzte sie präventiv immer gleich alle anderen. Kein Mann hatte es länger als ein, zwei Jahre mit ihr ausgehalten. Und die Kolleginnen hatten sogar eine Petition gestellt, in der um ihre Versetzung gebeten wurde. Ja, innere Schutzwälle machten einsam. Gerade an Weihnachten.

Frau Bachmann sah auf. Die Katze war fort. Irgendwie war ihr das jetzt auch nicht recht.

Am ersten Weihnachtstag sangen die Kellner zum Frühstück Weihnachtslieder a capella. Viele Gäste stimmten ein und sangen auf Deutsch mit. Frau Bachmann fand diese Schunkelatmosphäre unerträglich. Sie nahm sich eine Mandarine und eine Banane von der Obstpyramide und ging wieder auf ihr Zimmer. Bestimmt hielten sie sämtliche Mitreisenden für eine Spaßbremse sondergleichen. Das kratzte sie nicht.

Nach der Vitaminbombe meldete sie sich bei der Reiseleiterin ab und ging trotz Regenschauer zum Meer. Auf dem Rückweg kam sie an einem verlassenen, verwilderten Grundstück vorbei. Jemand schrie.

Frau Bachmann erschrak. Es war aber kein menschlicher Schrei. Zwei Katzen schienen einen Revierkampf auszutragen. Ein magerer schwarzer Kater und eine orangefarbene Katze. Es war ›ihre‹ Katze, die vom Fenstersims. Unvorstellbar, dass es zwei solch neonfarbene Fellpummel in einem so kleinen Ort geben sollte. Frau Bachmann blieb unschlüssig stehen und sah sich um. Weit und breit kein Mensch. Alle waren am Feiern, und wer nicht feierte, blieb bei diesem Wetter zu Hause. Der Schwarze war gnadenlos. Und wendiger. Bestimmt wollte er diese offensichtlich fütterfreudige Nachbarschaft für sich erobern. Die Orangene hatte keine Chance. Frau Bachmann kannte sich mit Katzen nicht aus – war das ein Kampf auf Leben und Tod? Unwillkürlich trat sie über die Eisenkette, die das Grundstück eigentlich vom Betreten abhalten sollte, und ging auf die Kampfkatzen zu. »Aus!«, rief sie. Das kümmerte die Kontrahenten natürlich nicht. Das Fauchen nahm zu. Frau Bachmann beugte sich vor. Ihr war schon klar, dass sie offene Wunden davontragen würde, wenn sie versuchen sollte, die Katzen händisch voneinander zu trennen. Also nahm sie einen Ast und stocherte vorsichtig in das Knäuel hinein. Jetzt erst schien der schwarze Kater sie zu bemerken. Er zischte sie an und entfernte sich. Die Orangenkatze blieb unschlüssig stehen. Sie bot einen mitleiderregenden Anblick – zerzaust, nass, blutend. Frau Bachmann seufzte. Aber es nützte ja nichts. Vorsichtig, ganz vorsichtig, streckte sie die Arme aus ... und hob die Katze hoch. Die es mit sich geschehen ließ.

Abends gab es ein weihnachtliches Gala-Essen. Die Kellner sangen wieder, diesmal in Begleitung eines Mandolinenspielers. Frau Bachmann ging schon vor dem Dessert auf ihr Zimmer. In der Handtasche etwas Leber, die sie gemopst hatte. Auf ihrem Bett lag die orangene Katze, mittlerweile trocken, aber immer noch zerzaust. Und mit verschorfenden Kratzwunden.

»Man müsste dich bürsten«, meinte Frau Bachmann, während die Katze gierig die Leberhäppchen verschlang.

Frau Bachmann setzte sich aufs Bett. Wie ohne ihr

Zutun fuhr ihr Arm aus, und ihre Hand streichelte vorsichtig die Katze. Die es mit sich geschehen ließ. Nicht nur das, sie fing nach einer Weile auch an zu schnurren. Auf Frau Bachmann wirkte dieses Schnurren mehr als beruhigend, fast schon sphärisch. Wie Meditation. Instant Nirwana. Sie holte tief Luft. Kein Juckreiz, keine Atemnot. Sollte sie jemals allergisch gewesen sein, dann hatte sich das jetzt erledigt.

Die Katze ließ sich auf den Rücken fallen und präsentierte ihren Bauch. Eine ganz eindeutige Aufforderung, auch wenn man nicht Kätzisch sprach. Frau Bachmann kraulte.

Sie neigte nicht zu spontanen Aktionen. Wenn überhaupt, grübelte sie immer alles zu Tode. Ihr Leben verlief nach festen Parametern. Veränderung war der Feind. Basta!

Aber ... plötzlich war da dieses ... unglaubliche Wohlgefühl.

Ein Gedanke schoss Frau Bachmann durch den Kopf.

Nein, wie soll das gehen, dachte sie gleich darauf. *Das ist doch ... Nein!*

Frau Bachmann fielen eine Million Gründe ein, warum diese völlig abstruse Idee zum Scheitern verurteilt war.

Die Katze schnurrte. Es war ein lösungsorientiertes Schnurren.

Frau Bachmann saß im Bus ganz hinten. Das war eigentlich gar nicht ihr Platz, aber die vorn vermissten sie nicht.

Die drei Reihen vor ihr waren leer. Niemandem fiel auf, dass die geblümte Gobelinreisetasche, in der sie auf der Fahrt nach Italien Snacks und ihre Stricksachen transportiert hatte, nun auf der Rückfahrt wuchtiger wirkte. Und deutlich schwerer in ihrer Hand lag.

Tiere waren im Bus verboten. Das hatte in den Unterlagen gestanden, die man vor Reiseantritt bekam. Und wer nahm schon ein Tier mit auf eine Busreise?

Die Orangene schlief die meiste Zeit, wachte nur kurz in den Toiletten der Autobahnraststätten Bellinzona und Pratteln auf, wo Frau Bachmann ihr etwas zu trinken und einen Happen zu essen gab und sie beruhigend streichelte. Wobei das Tier gar nicht beunruhigt wirkte. Eher im Gegenteil, tiefenentspannt – als wüsste es, dass es nun angekommen war.

Sie schafften es, ohne aufzufliegen, bis in Frau Bachmanns Wohnung. Die Orangene lugte neugierig aus der Reisetasche, schnupperte, sprang aus der Tasche und fing an, sich zu putzen.

»Ich heiße Gisela«, sagte Frau Bachmann zur Katze.

Und lächelte.

Nadja Mayer
Wo ist Schmidt?

Längst hatte sich Schmidt an sein neues Leben in Niederursel, dem Stadtteil im Norden Frankfurts, gewöhnt. Jasper und Lotte, die ihn vor wenigen Jahren aus Portugal mitgebracht hatten, wo er als zerzauster, aber durchaus vergnügter Kater zwischen Plätzen und Kirchen herumstreunte, gewährten ihm inzwischen viele Freiheiten. Nur selten kam es noch zu kleinen Katastrophen, von denen es anfangs jede Menge gab: die heruntergekrachte Gardinenstange etwa, weil Schmidt so gern in den Vorhängen schaukelte, die Fäden, die Schmidt zur genaueren Untersuchung feinsäuberlich aus dem Sofastoff zupfte, bis Lotte völlig außer sich geriet. Und dann die Sache mit dem Karpfen an Weihnachten, diesem dumpf dreinschauenden Wesen in der Badewanne, das Schmidt – eigentlich mehr aus Versehen als mit Absicht – mit nach Fichtennadeln duftendem Badeschaum bedeckte, was zu großer Bestürzung führte. Nur an Jaspers Musikgeschmack konnte sich Schmidt, der so hieß, weil er Jasper mit seinem roten Fell und der immer leicht gekräuselt wirkenden Stirn an einen Professor am philosophischen Institut erinnerte, nicht gewöhnen. Jasper hatte exzessive Phasen, in denen er immer nur eine Band oder einen Musiker hörte. Mal waren es die Doors, dann wieder alles von Dire Straits und an Weihnachten regelmäßig: die Beach Boys. Im letzten Jahr jedoch machte Schmidt eine Entdeckung: Die misslichen Töne schienen gar nicht aus den großen Boxen, sondern vielmehr von schwarzen Scheiben zu kommen, die sich langsam auf dem Sideboard drehten. Während Lotte und Jasper den Weihnachtsbaum schmückten und Jasper wie immer zur Musik pfiff, sprang Schmidt kurz entschlossen auf die sich drehende Schallplatte. Eben noch sangen die Beach Boys »... the whole year through/Just to make happy someone like ...«, dann mündete alles in ein lautes, langgezogenes Kratzgeräusch. Schmidt hatte mit seinem Hinterteil den Tonarm unsanft beiseitegeschoben, und die Musik fand ein abruptes Ende. Jasper schnappte erst nach Luft, dann nach Schmidt und verfrachtete ihn mit einem beherzten Wurf auf den Boden. Doch ansonsten ging alles seinen Gang in dem kleinen Reihenhaus in Frankfurts Norden. Schmidt stromerte zwischen Urselbach und Gustav-Adolf-Kirche umher, holte sich hier und da ein paar Streicheleinheiten ab, fing gelegentlich eine Maus oder einen Vogel und genoss sein Leben in der Fremde, die ganz allmählich sein neues Zuhause geworden war.

Seit einigen Wochen saß vor dem Schaufenster der Niederurseler Metzgerei ein junger Mann auf einem kleinen Klapphocker. Er spielte Gitarre und hatte eine kleine rote Blechdose vor sich. Seine Töne waren leise, seine Lieder sanft und immer etwas traurig. Simão war der Liebe wegen aus Porto in die Stadt am Main gekommen. Seine Freundin hatte im Nordend ein portugiesisches Lokal eröffnet, das »Cabra Alegre«, das sich schnell großer Beliebtheit erfreute. Gemeinsam wollten sie hier jetzt ihre Zukunft planen, hin und wieder auch kleine Konzerte und Lesungen veranstalten. Sie hatten sogar bereits darüber nachgedacht, ein zweites Lokal auf der anderen Mainseite zu eröffnen. Doch es kam anders. Erst musste Simão feststellen, dass Isabel in Frankfurt nicht ganz allein geblieben war, während er in Porto noch ein paar letzte Dinge regelte. Und schließlich gerieten sie über das Speiseangebot im »Cabra Alegre« in Streit. Während Isabel auf traditionelle Gerichte setzte, wollte Simão lieber eine neue, moderne portugiesische Küche anbieten – so wie er auch zeitgenössische Musik und junge Autorinnen und Autoren aus Portugal vorstellen wollte. Als er vorschlug, man könne doch auch die Frankfurter Nationalgerichte »Handkäs mit Musik« oder »Grüne Soße« neu und portugiesisch interpretieren, setzte Isabel ihn kurzerhand vor die Tür. Dass er dann ausgerechnet in Niederursel landete, verdankte sich der Kleinanzeige »Servicekraft gesucht« und dem Namen des Lokals »Zum lahmen Esel«. Das klang so schön, da wollte er unbedingt arbeiten. War er nicht selbst ein lahmer Esel? Ein gehörnter obendrein? Leider war die Stelle schon weg. Doch Simão blieb. Hier, wo es so ein bisschen ruhiger und ländlicher zuging als zwischen den hohen Banktürmen der Stadt, fühlte er sich wohl – auch wenn er abends oft nicht mehr als ein paar Euro in der kleinen roten Blechdose hatte und in einer belebteren Gegend bestimmt mehr eingenommen hätte. Seine Ersparnisse waren aufgebraucht, und er benötigte das Geld, um nach Portugal zurückzukehren. Aber die Menschen in Niederursel waren nett zu ihm. Mal brachte ihm jemand aus dem Café eine Zitronenlimonade, mal steckte ihm eine ältere Dame ein Käsebrot zu. Auch die Mitarbeiterin der Metzgerei versorgte ihn hin und wieder mit Resten aus der Wursttheke und blieb immer einen Moment stehen, um gedankenverloren seinem Gitarrenspiel zu lauschen. Und der Pfarrer bot ihm an, abends unter der großen Kastanie vor der alten Kirche sein Lager aufzuschlagen. Das war im September, die Sonne hatte noch Kraft, und die Abende waren noch mild. Inzwischen war es allerdings empfindlich kalt geworden, und Simão überlegte jeden Morgen aufs Neue, ob er sich nicht besser irgendwo in der Stadt einen wärmeren Schlafplatz suchen sollte. Auch seinem Instrument tat die

Kälte nicht gut. Die Saiten verstimmten sich regelmäßig.

Seit geraumer Zeit bekam Simão regelmäßig Besuch von einem rothaarigen Kater. Der schlich erst vorsichtig und dann immer zutraulicher um den Portugiesen herum, bis er sich eines Tages direkt unter sein angewinkeltes Bein setzte. Simão kraulte das rote Fell. Er mochte Katzen. Auf den Straßen von Porto gab es sehr viele wilde Katzen. Und in der Rua Afonso Martins Alho bewachte eine riesige blaue Katze mit gelben Augen die schmalste Gasse der Stadt. Es war eines von unzähligen Wandgemälden, für die die Stadt am Douro inzwischen bekannt war. »*Bem, meu gatinho, de onde é que vieste?*« – »Na, mein kleiner Kater, wo kommst du denn her?«, fragte Simão. Schmidt streckte sich und begann, sich für den großen militärgrünen Rucksack zu interessieren, der hinter Simão an der Wand lehnte. Hartnäckig vergrub er seine Nase immer tiefer in einer der Öffnungen des Rucksacks. Simão stellte seine Gitarre vorsichtig ab, griff hinter sich und holte eine bunte Fischkonserve aus der Seitentasche. »*Sim, gosta do peixe. Tal como eu*«, flüsterte er Schmidt ins Ohr. »Ja, Fisch magst du. Genau wie ich.« Simão griff abermals in seinen Rucksack, fingerte eine flache Gabel heraus, öffnete die Büchse, nahm selbst einen Bissen und stellte sie dann neben sich auf den Boden.

Schmidt erstarrte. Plötzlich waren all die längst verblassten Bilder wieder da. Tavira! Die Kirchen! Die engen Gassen! Der Geruch nach Fisch und Meer. Die Mauersegler an der Praça de República. Und der Thunfisch aus der Dose schmeckte herrlich!

Es wurde November. Dann Dezember, und die Temperaturen kletterten selbst tagsüber kaum noch über vier Grad. In den Schaufenstern der Geschäfte glänzte bereits der Weihnachtsschmuck. Aus manchem Ladengeschäft ertönten festliche Lieder. Pino hatte wie jedes Jahr das Fenster seiner Pizzeria mit roten und grünen Lämpchen verziert, die in einem wilden Rhythmus blinkten. Simão beschloss, seinen geliebten Platz in Niederursel nun doch endlich aufzugeben, und machte sich auf den Weg ans andere Ende der Stadt. Hier gab es eine Notschlafstelle. Das wusste er von Greg, einem Musiker aus England, der ebenfalls gestrandet war und noch nicht richtig wusste, ob er bleiben oder zurück nach Burford kehren sollte. »Es ist sauber, sie laden dir sogar dein Smartphone auf, und manchmal gibt es Nudeln für alle.« Simão hielt Ausschau nach dem kleinen Kater. Er war ihm inzwischen ans Herz gewachsen, und er wollte sich wenigstens von ihm verabschieden. Doch Schmidt war nirgendwo zu sehen.

Simão nahm erst den Bus, dann die Straßenbahn und fand die Notunterkunft schließlich am Rand eines großen Parks. Es dämmerte bereits. In den Fenstern ringsum blinkte und leuchtete es. Es waren nur noch wenige Tage bis zum dritten Advent. Als er den Rucksack kurz absetzte, um eine Zigarette und sein Feuerzeug aus der Außentasche zu fischen, fing der Rucksack an, sich zu bewegen. Simão stutzte, zündete sich die Zigarette an, verstaute das Feuerzeug wieder und traute seinen Augen nicht, als er ein kleines Katzenohr aus dem Rucksack blitzen sah. »*O que estás a fazer, meu gatinho?*« – »Was machst du denn für Sachen, mein kleiner Kater?« Simão kraulte das warme rote Fell und beschloss, den Kater bis zur Unterkunft im Rucksack zu lassen. Er verschloss ihn vorsichtig und schulterte ihn wieder.

Als Schmidt am dritten Advent noch immer nicht auftauchte, wurden Lotte und Jasper nervös. Er war zwar in letzter Zeit tagsüber öfter lange weggeblieben, aber dass er gleich mehrere Nächte nicht auftauchte, kam eigentlich nie vor. »Wir müssen eine Suchaktion starten. Mit einem Foto und unserer Telefonnummer«, beschloss Lotte. »Ja, genau. Die Zettel hängen wir überall in Niederursel auf!« Doch schnell wurde ihnen klar, dass sie es längst erfahren hätten, wenn sich Schmidt noch in Niederursel herumtreiben würde. Frau Göbel, die Nachbarn, Pino aus der Pizzeria, die Wirtin aus dem »Lahmen Esel«, die Jugendlichen, die sich immer auf dem Spielplatz am Urselbach trafen: Sie alle kannten und liebten Schmidt und wussten ganz genau, wo er zu Hause war. »Also gut. Ich werde auch ins Einkaufszentrum fahren und die Zettel dort verteilen.« »Vielleicht auch an den U-Bahn-Stationen?«, schlug Lotte vor. Sie suchten ein Foto, verfassten einen knappen Text und setzten Jaspers Mobilnummer dahinter. »Wollen wir nicht für alle Fälle auch eine E-Mail-Adresse einrichten?«, fragte Lotte. Sie entschieden sich für: wo_ist_schmidt@web.de. Jasper nahm den Stapel aus dem Drucker, begutachtete zufrieden das Ergebnis und fuhr ins nahe gelegene Einkaufszentrum.

Simão betrat die Notunterkunft. Im Eingangsbereich war ein großer bunt geschmückter Weihnachtsbaum aufgestellt, und in dem ansonsten recht kargen Aufenthaltsraum standen Teller mit Nüssen und Gebäck auf den Tischen. Greg, der Musiker, der ihm den Tipp mit der Unterkunft gegeben hatte, war auch da. »Hey, schön, dass du da bist«, rief er schon von Weitem. »Alles easy?« Simão stellte den Rucksack samt Kater vorsichtig auf den Boden, lehnte die Gitarre an den Tisch und setzte sich zu ihm. Erst blitzte abermals Schmidts Ohr aus dem Rucksack, dann eine Pfote. Simão klappte die Abdeckung hoch, öffnete die Kordel des Innenteils, und schon reckte

Schmidt seinen Kopf heraus. »Haha, heißt es auf Deutsch nicht: Jemand ist auf den Hund gekommen?«, rief Greg und lachte, dass die drei Perlen, die er in seinen langen dünnen Kinnbart geflochten hatte, wippten. »Nicht auf die Katze?!« Ein anderer Bewohner, den alle nur den wilden Rudi nannten, kam hinzu. »Ich glaube, dieser Kater wird vermisst. Ich habe irgendwo so Handzettel gesehen mit einem Foto. Der Kater sah genauso aus wie der hier.« Aber Rudi erinnerte sich nicht mehr, wo er diese Zettel gesehen hatte. In der B-Ebene an der Hauptwache? Auf dem Markt am Südbahnhof? An den Bäumen auf der Zeil? Es fiel ihm beim besten Willen nicht ein. Sie saßen noch eine Weile zusammen, dann zeigte Tom, der Leiter der Notunterkunft, Simão seinen Schlafplatz. Schmidt wich nicht von Simãos Seite. »Tiere sind hier eigentlich nicht gestattet«, erklärte Tom. »Aber bei der Kälte können wir den kleinen Kerl ja schlecht vor die Tür setzen.« Als Tom gegangen war, zog Simão die Schuhe aus und stellte sie fein säuberlich vor das Feldbett. Er lehnte die Gitarre an die Wand hinter dem Bett und legte sich schlafen. »*Que acabaríamos aqui um dia. Eu também não pensava assim, meu gatinho.*« – »Dass wir mal hier landen würden. Das hätte ich auch nicht gedacht, mein kleiner Kater.« »*Mas estão de novo a chegar tempos melhores.*« – »Aber es kommen auch wieder bessere Zeiten.« Schmidt sprang aufs Bett, rollte sich laut schnurrend am Fußende zusammen, und wenig später waren beide eingeschlafen.

Sehr früh am nächsten Morgen stand der wilde Rudi vor Simãos Bett. »Mensch! Mir ist es wieder eingefallen!«, rief er etwas zu laut für diese Uhrzeit. »Äh, was denn?« Simão war noch nicht ganz wach. »Na, wo ich diese Zettel gesehen habe! Im Einkaufszentrum in der Nord-West-Stadt!« »Sicher?« Jetzt wurde auch Schmidt munter. Er stieg auf Simãos Bauch, um sich dort sofort wieder einzurollen und den wilden Rudi mit einem Auge misstrauisch zu beobachten. »Ja, ganz sicher. Da hingen überall welche.«

Das Einkaufszentrum war nicht weit von Niederursel entfernt und reichlich geschmückt mit blinkenden Sternen, Schneeflocken und Weihnachtsmännern, und aus kleinen Lautsprechern ertönten amerikanische Weihnachtslieder. Die Menschen schleppten Taschen und Tüten voller bunter Dinge mit sich herum, und Simão wurde ein bisschen wehmütig. Weihnachten war in Portugal das Fest der Familie. Am *Véspera de Natal*, dem 24. Dezember, aß man Stockfisch mit Kohl und Kartoffeln und anschließend Unmengen von Süßigkeiten. Um Mitternacht ging man gemeinsam in die Messe. Simão setzte seinen Rucksack kurz ab, um nach Schmidt zu schauen, der zusammengerollt zwischen Simãos Socken und T-Shirts vor sich hindöste. Etwas planlos lief er die zahlreichen Gänge und Ebenen des Einkaufszentrums ab, doch von der Suchmeldung, von der ihm der wilde Rudi berichtet hatte, keine Spur. Er ging hinunter zu den U-Bahn-Stationen. Und da sah er ihn plötzlich: einen weißen Zettel mit dem Foto eines rothaarigen Katers unter einem Apfelbaum. Er machte den Zettel ab, hielt das Foto neben Schmidt. »*És tu, meu pequeno gato ruivo. Isso é certo.*« – »Das bist du, mein kleiner rothaariger Kater. Ganz eindeutig.« Es gab eine Telefonnummer und auch eine E-Mail-Adresse: wo_ist_schmidt@web.de. Simão wunderte sich und murmelte zum Rucksack hin: »Schmidt? Du heißt also Schmidt? Wie dieser deutsche Politiker, der immer so viel geraucht hat?« Er setzte sich, stellte den Rucksack neben sich und öffnete ihn ein klein wenig, so dass Schmidt seinen Kopf herausstrecken konnte. Die Gitarre hielt er zwischen den Knien fest. Während Simão die Nummer wählte, kraulte er Schmidts Kopf und zwinkerte einem Jungen zu, der neugierig auf den Kater starrte. Niemand meldete sich. Simão wartete ein wenig, versuchte es wieder. Abermals hatte er kein Glück. »*Escreverei um e-mail.*« – »Ich werde eine Mail schreiben.« »Guten Tag«, tippte er in sein Handy. Dann überlegte er lange. Sein Deutsch war ganz gut, solange er nur sprechen musste. Schreiben war jedoch eine andere Sache. »Der Kater geht gut«, schrieb er weiter. »Bitte sagen Sie Adresse für bringen.« Er begutachtete seinen Text. Nun noch eine Grußformel, und er konnte die Mail abschicken. Er entschied sich für »Mit freundlichen Grüßen«. Das hatte er schon öfter gelesen. Auch unter den vielen Rechnungen, die sie im »Capra Alegre« bekamen. Er würde versuchen, die nächsten Stunden noch im Einkaufszentrum zu bleiben. Bestimmt wohnten die Besitzer des Katers hier in der Nähe. Dann könnte er schnell bei ihnen vorbeigehen. Er packte die Gitarre aus und begann, leise ein paar Akkorde anzuschlagen. Simão wandte sich Schmidt zu. *»Acho que vamos ter de nos separar novamente, meu caro gato.«* – »Wir werden uns wohl wieder trennen müssen, mein lieber Kater.« Schmidt schnurrte. Allein der Klang der Sprache ließ ihn wieder träumen: von Tavira, von der Igreja de Santa Maria do Castelo und dem verwunschenen Garten in der Burgruine mit seinen vielen Granatapfelbäumen.

Lotte und Jasper hatten die Hoffnung fast schon aufgegeben. Zwar hatten sie mittlerweile zahlreiche Mails und Anrufe bekommen, aber es meldeten sich nur Leute, die Schmidt kannten und ihnen Glück wünschten. Oder die schrieben, dass sie Schmidt erst letzte Woche – oder war es vor zwei Wochen? – noch in der Nähe der Gustav-Adolf-Kirche, am Urselbach oder vor der Metzgerei bei diesem jungen Mann mit der Gitarre gesehen hatten. »Es war sehr kalt in den letzten Tagen«, meinte Jasper. »Wenn Schmidt da kein Dach über dem Kopf hatte ...«, er sprach nicht weiter, weil er merkte, wie Lotte die Tränen in die Augen schossen. »Diese Warterei ist furchtbar.« Jasper ging in die Küche, um sich einen Espresso zu machen. Nebenbei checkte er auf seinem Handy die Mails. »Lotte!«, rief er. »Komm schnell!« Lotte sprang auf. »Hör mal: ›Der Kater geht gut. Bitte sagen Sie Adresse fur bringen.‹« »Das klingt ja fast wie ein Erpresserbrief.« »Ja, klingt ein bisschen komisch. Aber es ist der erste ernst zu nehmende Hinweis. Immerhin.« »Gibt es auch eine Telefonnummer?« Jasper las die Mail ein zweites Mal. »Nein. Es scheint auch gar keine deutsche Mailadresse zu sein. Aber wir müssen sofort antworten.« Er stellte die leere Espressotasse in die Spüle und tippte einhändig ihre Adresse ins Handy. »Bitte melden Sie sich. Vielen Dank!«, setzte er darunter noch und schickte die Mail ab.

Dann warteten sie. Immer wieder sprang einer von beiden auf, lief kurz zum Fenster oder in die Küche. Lotte begutachtete zwischendrin den Weihnachtsbaum, richtete hier eine Kerze und zupfte dort an einer Kugel. Sie füllte Schmidts weißes Tellerchen mit dem blauen Rand und stellte es an den gewohnten Platz. Jasper suchte in den Schallplatten, entschied sich für »Crisis? What Crisis?« von Supertramp, leg-

te sie auf, um sie jedoch sofort wieder vom Platten-
teller zurück in die Hülle zu schieben. Er beschloss,
sich einen zweiten Espresso zu machen. »Willst du
auch einen?«, fragte er Lotte. Im selben Moment
klingelte es. Sie schauten sich an und gingen dann
gemeinsam zur Tür. Vor ihnen stand Simão, ein
freundlicher, etwas verstrubbelter junger Mann mit
militärgrünem Rucksack und Gitarre, der einen Kater unter dem Arm trug. Irgendwie kam der junge
Mann ihnen bekannt vor. »Schmidt!«, riefen Jasper
und Lotte wie aus einem Mund. Schmidt regte sich
nicht. »Guten Tag«, sagte Simão und setzte Schmidt
auf den Boden. Lotte bückte sich sofort, um Schmidt
zu kraulen. »Wie haben Sie ihn denn gefunden?«,
fragte sie. »Oh, das ist eine lange Geschichte«, lachte
Simão etwas verlegen. Schmidt bewegte sich nicht
von der Stelle. Da gab Simão ihm einen leichten
Schubs. Widerwillig stolzierte der Kater ins Haus.
»*Adeus, meu caro Schmidt.*« – »Lebe wohl, mein lieber Schmidt.«

Jasper und Lotte waren noch immer sprachlos.
»Auf Wiedersehen und: frohe Weihnachten!«, rief
Simão den beiden noch zu und ging. Jasper schloss
die Tür. »Wir können den jungen Mann doch nicht
einfach so gehen lassen!«, empörte sich Lotte. Sie
rannte hinaus und kam kurz darauf mit Simão zurück. »Bitte seien Sie heute unser Gast«, sagte Jasper.
»Es ist doch Weihnachten!«, ergänzte Lotte. Sie setz-

ten sich im Wohnzimmer an den Tisch, und Simão begann zu erzählen. Von Porto, vom »Cabra Alegre«, vom Job im »Lahmen Esel«, der nicht geklappt hatte, von seiner misslichen Situation ohne Geld für die Rückreise und wie er schließlich Schmidt getroffen hatte. Schmidt war inzwischen mit einem Satz auf seinen Schoß gesprungen und hatte es sich dort bequem gemacht. Dann erzählten Jasper und Lotte ihre Geschichte. Wie sie den kleinen roten Kater in Tavira aufgelesen hatten, er ihnen nicht mehr von der Seite wich, so dass sie beschlossen, ihn mit nach Deutschland zu nehmen. Und dass er seinen Namen wegen einer gewissen Ähnlichkeit mit einem Philosophieprofessor trug. »*Portanto, também é português. Não admira que nos demos tão bem!*«, flüsterte Simão Schmidt ins Ohr. »Du bist also auch Portugiese. Kein Wunder, dass wir uns so gut verstehen!«

Lotte ging in die Küche, um ein bisschen Käse, Oliven und Brot vorzubereiten. Jasper holte eine Flasche portugiesischen Weißwein aus dem Keller. Als Simão das Etikett sah, schnalzte er mit der Zunge. »Oh, ein Blanc de Noir aus der Aragonez-Traube. Ervideira ist ein tolles Weingut!« Jasper freute sich über Simãos Kommentar und erzählte von den wunderbaren Weinen, die sie auf ihren Reisen durch Portugal entdeckt hatten und die hierzulande kaum bekannt waren. Sie schwärmten von Portweinen und

Percebes, den Entenmuscheln, die so schrecklich aussahen, aber so herrlich schmeckten, von Choco Frito und Arroz con Mariscos. Irgendwann packte Simão die Gitarre aus und begann, ganz leise portugiesische Weihnachtslieder zu singen. Schmidt schnurrte, Jasper hielt sein Weinglas versonnen gegen das Licht, und Lotte fing an zu weinen. Sie tranken noch etwas von einem zwanzig Jahre alten Portwein, und Jasper beschloss, dass es nun für Simão zu spät war, um zurück in die Stadt zu fahren. Sie boten ihm an, im Gästezimmer zu übernachten. Schmidt folgte Simão und verbrachte die Nacht wohlig schnurrend auf seinem Bauch.

Am nächsten Morgen war das Gästebett gemacht. Von Simão keine Spur. Auf dem Nachttisch lag ein kleiner Zettel: »*Feliz Natal para si e para Schmidt, o maior gato do mundo. O vosso Simão.*« – »Frohe Weihnachten für Sie und Schmidt, den tollsten Kater der Welt. Ihr Simão.«

Ellen Dunne

Die Katzensitterin

An Weihnachten war Ann-Marie so gefragt wie nie. Dann war ihr digitaler Kalender vollgestopft mit Terminen und klingenden Namen.

Eugene.

Socks und MiauMiau.

Mr Hobbes, nicht zu vergessen sein durchgedrehter Bruder Calvin.

Pixie, Onegin und ihre dreifarbige Mutter Pia.

Ann-Marie kümmerte sich um sie alle. Es war ihr Job als Katzensitterin, und sie machte ihn gut. Das sprach sich herum am südlichen Rand von Dublin. Schon im Oktober gab es die ersten Anfragen für die Feiertage und den Jahreswechsel. Aber es war noch keine Woche her, als ihr Telefon von den Anfragen der Nachzügler geschüttelt wurde. Weihnachten brach über diese Zeitgenossen jedes Jahr wie ein Unwetter herein. Viel Verzweiflung und Händeringen, aber auch sie wussten: Ihr Weihnachtsurlaub war gerettet. Ann-Marie ließ niemanden hängen. Nicht sich selbst, und schon gar nicht ihre vierbeinigen Kunden.

Du bist so ein Engel!

Was täten wir ohne dich?!

Ann-Marie, du rettest uns das Leben!

Pixie wird außer sich sein vor Freude, wenn sie dich wiedersieht!

Natürlich war diese angebliche Freude maßlos übertrieben. Das mochte Ann-Marie ja so an Katzen. Sie kümmerten sich weder um Kalender noch um die künstlichen Sentimentalitäten, die ihnen die Menschen so oft unterzujubeln versuchten. Sie waren, wer sie waren. Sich selbst genug. Ein Vorbild, dem sich Ann-Marie über die Jahre immer mehr angenähert hatte. Erfolgreich, so fand sie, zumindest an den meisten Tagen. Dann gab es noch die anderen. Die langen Wochenenden. Tage, an denen die öffentliche Bücherei, in der sie arbeitete, geschlossen war. An denen ihr kleines Cottage zu groß wurde, die Minuten zu lang. An denen das Leben ihrer Kolleginnen und Kollegen, der Nachbarn und der fernen Freundinnen in Deutschland zu voll war mit all dem, was auch Ann-Marie schon in der Hand gehalten hatte, bevor es ihr entglitten war und davongeflogen. Tage wie Weihnachten.

Ann-Maries Heiliger Abend begann früh am Morgen. Sie machte ausschließlich Hausbesuche, denn noch mehr als die Menschen lieben Katzen ihre Umgebung und ihre Gewohnheiten. Eine Stunde pro Tag und pro Tier. Acht Besuche waren es heute, dazwischen Autofahrten von zehn bis zwanzig Minuten – eine sorgfältig geplante Route in Form eines Fußballs mit zu wenig Luft und einer Delle vom letzten Kick, so sah es zumindest auf dem Routenplaner aus.

Sie trank ihren Tee, löffelte ihren Haferbrei und beobachtete, wie der Ostwind durch die Fuchsien in ihrem Vorgärtchen tobte, dem Palmettobaum an der Straße die stachelige Frisur zerzauste. Das war erst der Anfang, behaupteten sie in den Nachrichten. Orkan, Regen, mögliche Hochwassergefahr, man überschlug sich mit Warnungen. Der Fährverkehr war über Nacht eingestellt worden; auf den Flughäfen sollten Reisewillige mehr Zeit einplanen und mit Verspätungen rechnen.

Immer noch besser als weiße Weihnachten, fand Ann-Marie. Schnee stürzte die Insel zuverlässig ins Chaos, denn hier gab es keine Winterreifen, nur drei Schneepflüge für die ganze Hauptstadt. Und wer kümmerte sich dann um Ann-Maries Kunden?

Ann-Marie kümmerte sich. Ihr VW Golf Rabbit stand bereit, auf dem Beifahrersitz fläzte sich ihre Stofftasche mit der Ausrüstung für den Tag. Darin acht Paar Schlüssel, eine Packung Leckerlis, mehrere trockene Palmettoblätter zum Spielen, Einweghandschuhe und Reinigungstücher für den Notfall, eine Packung Nürnberger Lebkuchen als Wegzehrung, das Ladekabel ihres Mobiltelefons und natürlich ihr Notizbuch. Darin waren alle Anweisungen zu finden: Wo Nalas Nassfutter zu finden war, welche Alarmsysteme es bei Siri und Kopieka zu entschärfen galt, wer in der Nachbarschaft von Leo einen zweiten Schlüssel für den Notfall bereithielt. Und natürlich Sonderwünsche über Sonderwünsche über Sonderwünsche:

- Das gierige Kuschelmonster Eugene war auf Dauerdiät und sollte sich jedes einzelne Körnchen seines Trockenfutters erlaufen.
- Socks brauchte zwei Besuche am Tag, weil ihm drei verschiedene Arten von Tabletten für sein Katzenherz verabreicht werden mussten. Er ließ sich das durchaus gefallen, sofern die bitteren Pillen stets gut in Leberpastete eingerollt waren. Sein Bruder MiauMiau hatte nach einer ungünstig verlaufenen Meinungsverschiedenheit mit dem Nachbarskater einen Kratzer quer überm Auge und brauchte antibiotische Tropfen, zu denen er nur schwer zu überreden war. Eigentlich gar nicht. Es galt also, ihn auszutricksen und zu überrumpeln, jeden Tag mit einem neuen Trick, und anschließend eine Versöhnung mit dem tödlich Beleidigten anzustreben. Nach ein paar Leckerlis oder einem Spiel mit dem Palmettoblatt ließ er meist wieder mit sich reden.
- Pia und ihre beiden halbstarken Kätzchen Onegin und Pixie waren unkomplizierte Goldschätze,

wenn sie nicht gerade die Wohnung umdekorier-
ten mit ihrer Energie, die sich während der Abwe-
senheit ihrer Menschen explosionsartig freisetzte.
Die Überreste zu beseitigen und so das Gold-
schatz-Image zu wahren, war Ann-Maries Aufgabe.

- Bei Nala war nicht die Katze, sondern der Zugang
  zu ihr das Problem. Das alte Sicherheitsschloss der
  Mietwohnung war nur mit einer komplizierten
  Abfolge von Zieh- und Drehbewegungen des Schlüs-
  sels öffnen. Eine Kunst, die Ann-Marie stets erst
  gegen Ende ihrer Besuchstage perfektionierte und
  bis zum nächsten Auftrag zuverlässig wieder ver-
  lernte.

- Mr Hobbes wiederum hasste einfach grundsätz-
  lich alle Menschen, die nicht seine Familie waren.
  Ann-Marie hasste er etwas weniger, deshalb war
  er nun Stammkunde. Gemeinsam mit seinem um
  Jahre jüngeren Gefährten Calvin, der eine Art
  Houdini der Katzenwelt war und jede Gelegenheit zur Flucht nach draußen nutzte, die sich
  ihm bot. Jede geschlossene Tür begriff der graue
  Tiger erstens als Affront, zweitens als Herausfor-
  derung, die es zu überwinden galt. Ann-Marie
  konnte verstehen, dass er regelmäßig das Weite
  suchte. Mr Hobbes konnte schließlich auch Calvin nicht leiden.

Manche mochten es übertrieben finden, kätzischen Extravaganzen wie diesen so viel Beachtung zu schenken. Mochten es belächeln, wenn Familien ihre Daheimgebliebenen vermissten, sich ein Video von ihrem muffig grollenden Hauskater wünschten. Sollten sie, fand Ann-Marie.

Die Welt wurde keine schlechtere, nur weil eine Handvoll Katzen ein besseres Leben führten, als es allgemein für notwendig erachtet wurde. Außerdem wusste sie um die Nöte ihrer menschlichen Kundinnen und Kunden.

In ihrem Umkreis lebten viele, die von anderswo kamen. Menschen ohne Familie oder verlässliches Netzwerk an Freunden. Ihre Wurzeln lagen auf dem Kontinent begraben oder auf der anderen Seite des Atlantiks, gekappt von einem Leben im Ausland, von »ein, zwei Jahren«, die sich auf drei, dann fünf Jahre verlängert hatten, und wer danach immer noch hier war, war meist ohnehin an Irland verloren. Zuhause. Ein Wort, für das es im Deutschen keinen Plural gab. Seit einigen Jahren ahnte Ann-Marie, warum. Auch wenn sie in einem Häuschen aus Backstein lebte, wenn sie gern Tee trank und sich mit den älteren Semestern aus der Bibliothek geduldig über das Wetter unterhielt, wenn sie jeden Frühling den Six Nations Rugby Cup im Pub verfolgte und für Irland jubelte. Sie würde nie echte Irin werden, selbst wenn sie weitere zwanzig Jahre hierblieb. Aber dort, wo sie herkam, gehörte sie eben auch nicht mehr so richtig hin. Ein halb verwurzelter Schwebezustand, für den es kein Wort gab. Nicht mal im Englischen.

In ihren Zwanzigern hatte Ann-Marie ihr Glück auf der Insel gesucht, gefunden und irgendwann wieder verloren, und als sie daraufhin zum ersten Mal ernsthaft darüber nachgedacht hatte, wieder zurück nach Hause an den Alpenrand zu gehen, hatte es dieses Zuhause nicht mehr gegeben. Nur noch die Eigentumswohnung ihrer Eltern und das Gerede der Leute, bei denen Ann-Marie mehr denn je aneckte mit ihrer seltsamen Art. Über ernsthafte Dinge lachen, beim schönsten Wetter den ganzen Tag drinnen verbringen oder den tauben Kater Karlo der Eltern mit einem alten Buggy, den sie mit einem Fliegennetz abgedeckt hatte, durch die Gegend kutschieren – das machte man im Fernsehen oder vielleicht in Irland, aber nicht im Rupertiwinkel. Aber so wurde man wohl, wenn man im mittleren Alter war und ohne Anhang. Wunderlich.

Ann-Marie hatte zwei Wochen lang über dieses Urteil nachgedacht und war zu einer ähnlichen Schlussfolgerung gekommen wie die Leute. Hatte die Wohnung ihrer Eltern verkauft, den absolut fahrtüchtigen und bis zum Schluss penibel gepflegten VW Golf Rabbit behalten und damit den verwaisten Karlo zurück mit nach Irland genommen. Dort stand man dem Wunderlichen traditionell etwas toleranter oder zumindest diskreter gegenüber. Der alte Karlo bekam einen nagelneuen Buggy und verbrachte noch ein paar wohlige Jahre.

Inzwischen begleitete er Ann-Marie auf ihren Hausbesuchen. Eine Prise seiner Asche trug sie in einem goldenen Herzanhänger um den Hals. Der Rest von Karlo selig bescherte der Duke-of-Windsor-Rose in ihrem Vorgärtchen ein geradezu erstaunliches Wachstum. Für einen Neuanfang war sie noch nicht bereit. Bis es so weit war, kümmerte sie sich eben um die Katzen anderer, so wie sie sich schon länger um andere Menschen mehr kümmerte als um sich selbst. Das war weniger gefährlich, fand sie.

Inzwischen dämmerte es. Noch immer war sie unterwegs. Zu viel Verkehr und Vorweihnachtspanik auf den Straßen. Zu viel Unvorhergesehenes. Der betagte Archibald in Leopardstown, der heute besonders liebesbedürftig gewesen und auf ihrem Schoß eingeschlafen war. MiauMiau, der ihre Tricks mit den Augentropfen nun endgültig durchschaut und ihr über eine Stunde Katz-und-Maus-Spiel abverlangt hatte, bis getan war, was getan werden musste.

Danach fühlte sie sich so betagt wie Archibald. Zeit für einen spontanen Zwischenstopp bei Derek an ihrer Stammtankstelle.

»Na, Schluss für heute?« Er nahm den Energydrink und die Milch entgegen, die Ann-Marie ihm über die Verkaufstheke schob.

»Einen Besuch noch. Oben in Old Connaught Manor.«

»Oh. Vielleicht einer meiner Nachbarn?«

»Ja, vielleicht.«

Derek war einer der wenigen, der von Ann-Marie, der Katzensitterin, wusste und nicht darüber lachte. Einer, der immer aufgelegt war für eine kurze Plauderei und manchmal kostenlos Snacks mit auf ihren Einkauf legte, einfach so. Einer mit vielen Falten um die Augen vom Lachen. Einer, von denen es viel zu wenige gab, wenn man Ann-Marie fragte. Einer, der ihr mal gesagt hatte, dass es von solchen wie ihr zu wenige gab, und ob sie Lust habe auf einen gemeinsamen Spaziergang. Aber sie war nicht bereit gewesen für einen Neuanfang.

»Dann aber los«, sagte Derek jetzt. »Damit du rechtzeitig heimkommst zu deinen Lieben.«

Ann-Marie nickte und lächelte. In ihrem Leben gab es keine Lieben mehr. Und in dem von Derek vielleicht auch nicht. An welchem Tag auch immer sie bei der Tankstelle vorbeikam, er war hier. Aber sie sprachen nie darüber, und es war gut so. Sie wünschten einander schöne Weihnachten, und er ließ noch ein Schokorentier in Goldfolie für sie springen, gemeinsam mit seiner Theorie, dass Schokorentiere eigentlich nichts anderes als verkleidete Schokohasen seien, und wenn sie ihm nicht glaube, solle sie sich die Form der Ohren mal genauer ansehen.

Hasenartig, nicht wahr? Ann-Marie lachte und versprach, das würde sie tun und ihm nach den Feiertagen von dem Untersuchungsergebnis berichten. Begleitet von Dereks Wünschen für eine sichere Reise, machte sie sich auf den Weg.

Der Sturm war inzwischen zornig wie ein zweijähriger Trotzkopf, riss immer wieder am Lenkrad des Golfs, schleuderte mit Regen um sich wie mit Sand. Im Radio warnten gegen den Wind anschreiende Journalisten vor unnötigen Fahrten und schlüpfrigen Straßen. Wer ein Zuhause hatte, blieb dort. Zum ersten Mal dachte Ann-Marie mit etwas Wehmut an ihr eigenes Häuschen, an den offenen Kamin und vor allem an den heißen Whiskey, den sie zuerst brauchen würde.

Aber da waren ja noch Lila und Tomás. Der Werbegrafiker und seine Bengalkatze waren vor drei Jahren aus Budapest für die Liebe nach Dublin gezogen. Nur um festzustellen, dass die Liebe nicht nur eifersüchtig, sondern über Nacht auch allergisch auf Lila geworden war. Angeblich. Es hatte einen kurzen, aber heftigen Kampf um Tomás gegeben. Lila hatte gewonnen. Tomás war ein Mann mit Geschmack. Seine Lila würde er nie verlassen, hatte er Ann-Marie freimütig erzählt. Oder nur im Notfall. Der war vor zwei Tagen eingetreten. Tomás' *nagymama* war gestorben, und man brauchte ihn dringend in Budapest. Also brauchte er dringend Ann-Marie.

Tomás' Wohnung war eine von eineinhalb Dutzend, in die man ein ehemaliges Herrenhaus umgebaut hatte. Es versteckte sich in einer Senke, umgeben von alten Bäumen und einem parkähnlichen Gelände, von dem man bis hinunter zum Meer sehen konnte. Nur nicht heute. In der immer weiter fortschreitenden Dämmerung verlief alles grau in grau. Die Bäume schüttelten ihre Kronen wie auf einem Rockkonzert. Sogar Ann-Maries robustester Regenschirm drehte sich auf links. Nur das alte Gemäuer des Herrenhauses hielt ungerührt stand, da mochte der Wind noch so sehr wüten. In vielen der hohen Fenster brannte Licht. Eine warme Einladung, reinzukommen in die gute Stube. Ann-Marie hatte Tomás immer beneidet um diesen schönen Ort. Und ein bisschen auch um Lila.

Als Bengalkatze war Lila nur zwei Kreuzungen von ihren wilden Verwandten entfernt. Sie sah aus wie ein kleiner Leopard, brauchte entsprechend viel Ansprache, viele Menschen um sich und ihren täglichen Spaziergang im Park an der Leine. Als Ann-Marie durch die Tür kam, wurde sie erwartet. Lila saß bereits neben ihrem Geschirr, das Tomás an einem Haken an der Wand angebracht hatte, tippte es mit einer Pfote an.

»Daraus wird heute nichts, Lila.«

Lila peitschte mit ihrem geringelten Schwanz und schnatterte leise, wahrscheinlich irgendwas von Ent-

täuschung und Einsamkeit und dem Verlassenwer-
den. Ann-Marie hörte ihr zu, während sie Futter
auffüllte, Wasser auffrischte, im Katzenklo schippte,
die Lieblingsmaus warf, bis Lila sie apportiert hatte
und schnatternd forderte, sie erneut zu werfen, und
noch einmal. Außerdem hatte Tomás trotz seiner
hektischen Abreise zwei Geschenke dagelassen. Eine
Schachtel Pralinen mit Dankeskarte für Ann-Marie,
eine mit Katzenminze gefüllte Stoffbanane für Lila.
Beim Auspacken musste sie selbstverständlich ge-
filmt werden. Außerdem knipste sie Lila in Heldin-
nenpose auf Ann-Maries Schulter, Lila, die sehn-
suchtsvoll nach draußen ins Unwetter schaut. Sie
schoss noch mehr Fotos, schickte Tomás alles, weil
sie wusste, dass Lilas Anblick ihn tröstete. Er sendete
eine ganze Reihe Herzen zurück, wünschte ihr einen
schönen Abend.

Und dann war plötzlich der Strom nicht mehr da.
Sie hatte sich gerade auf der Couch niedergelassen,
da wurde es dunkel, sogar die Lichterketten auf Zeit-
schalter. Diese Stille, wenn alle Geräusche der Zivili-
sation ausfielen. Kein Kühlschrank, kein Boiler, kein
Fernseher auf Stand-by. Nur noch die Natur und ihr
stürmisches Temperament. Sogar Lila mit ihrem Inf-
rarotblick schien irritiert. Schnürte vom Fensterbrett
herüber zum Sofa und setzte sich neben Ann-Marie.
Gemeinsam warteten sie darauf, dass alles wieder so
wurde, wie es gewesen war. Eine Minute, fünf, fünf-

zehn. Lila begann zu gähnen, Ann-Marie wurde unruhig. Der Strom hatte seinen Spaß gehabt, jetzt war es Zeit, sich zurück an die Arbeit zu machen. Tat er aber nicht. Stattdessen hörte sie durch Wände und die Zimmerdecke die Nachbarn rumoren. Türen wurden geöffnet, nach Kerzen und Taschenlampen gekramt. Ann-Marie befragte das Internet nach offiziellen Meldungen über Stromausfälle. Fand viel zu viele davon. Auch in dieser Gegend. Ein Baum auf der Fahrbahn zwischen Bray und hier oben. Die Einsatzkräfte arbeiteten an der Wiederherstellung der Versorgung, versprach die Website des öffentlichen Stromnetzbetreibers. Wie lange das dauern würde, blieb unklar.

Zumindest Lila war versorgt. Aber jetzt nach Hause fahren? Wahrscheinlich keine gute Idee. Der Weg nach Bray war abgeschnitten, die Gegenrichtung führte an Dereks Tankstelle vorbei durch den Wald, in dem noch immer der Sturm für Aufruhr sorgte. Der würde sich nicht vor dem Morgen legen. Auf der Couch ihres Kunden übernachten, und das am Heiligen Abend? Für Tomás kein Problem, versicherte er ihr von Budapest aus. Nur leider sei der Kühlschrank leer. Und überhaupt. Gab es eine jämmerlichere Situation? Heiligabend auf einer Couch, ohne Essen, ohne jemanden, der einen vermisst? Dann lieber von einem umfallenden Baum erwischt werden.

»Was meinst du, Lila?«

Die schien keine starke Meinung zu vertreten, hatte sich schon in Croissant-Form gebracht, um etwas zu dösen.

Da klopfte es an der Wohnungstür. Eine Frauenstimme, die leise rief, als hätte sie Angst, jemanden zu wecken. Dabei war es gerade mal halb fünf Uhr nachmittags.

Phyllis, die Nachbarin. Tomás habe der Nachbarschaftsgruppe von seiner Katzensitterin erzählt, die jetzt hier festhing. Sie sei, so plauderte sie, ebenfalls über die Feiertage gestrandet. Ihr Sohn, der sie für Weihnachten habe abholen und mit zu seiner Familie drüben in Wales bringen wollen, sei wegen der abgesagten Fähren gar nicht erst losgefahren. Nächstes Jahr vielleicht.

»Und jetzt muss ich eben sehen, wo ich bleibe.« Ihr eigenes Schicksal schien sie sehr zu erheitern. »Und Sie, Herzchen? Hängen nun auch hier fest, Sie Ärmste.«

»Hänge ich denn fest?«, fragte Ann-Marie, deren Mut jetzt endgültig sank. Noch weiter, als die alte Dame heftig nickte.

»Ja, leider. Das Einfahrtstor funktioniert nur mit Strom. Wenn der ausfällt, kann niemand rein oder raus. Greta von unten links musste deshalb auch schon ihre Pläne für den Abend umwerfen. Ein Fehler im System, die Handwerker wollten es eigentlich noch beheben vor Weihnachten. Aber jetzt ist es zu spät, nicht wahr?« Wieder lachte Phyllis herzlich über so viel Unglück.

»Wissen Sie was?« Phyllis' Hand patschte in der Dunkelheit nach Ann-Maries Schulter. »Am besten, Sie und Lila kommen zu mir rüber, und wir trinken schön ein Schlückchen Sekt. Wer weiß, vielleicht kommt der Strom bis dahin ja wieder?«

Der Strom ließ sich nicht blicken. Auch nicht nach mehreren Schlückchen Sekt. Dafür tauchten nach und nach die Bewohnerinnen und Bewohner von Old Connaught Manor auf. Zuerst klopften Mick und Michelle aus dem Erdgeschoss an und brachten einen Sack mit Teelichtern sowie ein ganzes Tablett von Michelles angeblich berühmten Mince Pies mit. Ihnen auf dem Fuß folgte Pat von »unten rechts«, der schon über neunzig war, aber noch immer gerne über den Durst trank und für jeden eine Geschichte übrig hatte. Ein junges Paar aus Italien, Alfonso und Chiara, deren Flug nach Mailand im letzten Moment gestrichen worden war. Danach blieb Phyllis' Tür einfach offen. Teelichter wurden verteilt und entzündet. Gläser ausgeteilt, Flaschen und Chipspackungen geöffnet, kalte Cocktailwürstchen und Weihnachtskekse herumgereicht. Ann-Marie steuerte die Geschenke bei, die sie auf ihrer Tour schon eingesammelt hatte. Pralinen für eine ganze Mannschaft. Eine junge Frau und ihr Sohn tauchten auf, deren Mann bei der Polizei Nachtschicht schob. Der Weihnachtsbaum blinkte, die einzige Lichterkette, die mit Batterien funktionierte.

Das silberne Schleifchen, das Ann-Marie an Lilas Geschirr gebunden hatte, glitzerte im schummrigen Licht. Erst in letzter Sekunden konnte Ann-Marie sie daran hindern, in den Baum zu klettern. Eine der Christbaumkugeln erwischte Lila dennoch, ohrfeigte sie durch die Gegend und folgte ihrer Beute aus Plastik unter das Sofa.

Niemand bemerkte den Diebstahl. Inzwischen war die improvisierte Weihnachtsfeier voll im Gange. Viel Spaß, wenig Besinnlichkeit, so wie es die irische Art war. Ganz nach Ann-Maries Geschmack. Auch wenn sie das laute Geschehen vor allem von der Couch aus betrachtete, eingehüllt in das schwebende, wolkige Gefühl eines heißen Whiskeys mit Zitrone und eines wirklich hervorragenden Mince Pies.

Plötzlich saß er neben ihr. Derek. Er hatte vor dem geschlossenen Tor geparkt und war über die angrenzende Steinmauer geklettert, um auf das Gelände zu gelangen. Nach Hause, sagte er. Seine Haare waren nass von dem Abenteuer. Von Ann-Maries ungeplantem Aufenthalt hatte er über die Nachbarschaftsgruppe erfahren.

»Da musste ich natürlich hier vorbeischauen. Hab ja nichts Besseres zu tun.«

Dazu fiel Ann-Marie ebenfalls nichts Sinnvolles ein, also nickte sie bloß. Verstand. Gemeinsam blieben sie sitzen, teilten sich Dereks goldenes Rentier, dessen Geweih tatsächlich verdächtig nach Hasenohren aussah. »Das sind mal Weihnachten, was?«, sagte er, während Phyllis' Weihnachtslichter sein Gesicht in verschiedene Farben tauchte und irgendjemand den Song *Fairytale of New York* zu singen begann. »Tut mir leid für dich, dass du es nicht rechtzeitig nach Hause geschafft hast.«

»Mir nicht. Ein schöneres Weihnachten hatte ich schon lang nicht mehr.« Derek lachte, auch wenn es kein Scherz gewesen war. Ann-Marie lachte mit. Vielleicht war sie doch bereit für einen Neuanfang. Zumindest ein bisschen.

Theresa Prammer
Eine weihnachtliche Katz-astrophe

ER

Kann man an gebrochenem Herzen sterben? Und wenn ja, wie schnell? Das fragt er sich, während er regungslos auf der Couch im Wohnzimmer liegt.

Es ist der 24. Dezember, kurz nach 18 Uhr. Vor dem Fenster herrscht dichtes Schneetreiben. Das perfekte Wetter für einen romantischen Heiligabend. Theoretisch.

Bei ihm wurde kein Weihnachtsbaum aufgeputzt. Der Backofen ist so kalt und leer wie die neue Wohnung. Es ist das erste Weihnachtsfest ohne sie. Vor einem Jahr haben sie noch Geschenke unter dem Baum ausgetauscht und beide bei Frank Capras *Ist das Leben nicht schön?* geheult.

Am nächsten Morgen dann plötzlich ihr ›Wir-müssen-reden‹. Es gebe einen anderen. Er hat gelacht, weil er dachte, sie mache einen Witz. Da begann sie zu weinen. Ganz harmlos habe es angefangen, sie waren nur Freunde. Sie hatten auch nicht miteinander geschlafen, so war das nicht. Sie sei sich nicht sicher gewesen. Bis jetzt. Noch am selben Abend zog sie aus. Nach fünf Jahren. Sie war einfach verschwunden. Nein, nicht daran denken.

Im Fernseher läuft ein Zeichentrickfilm, glückliche Elfen, die um einen Christbaum tanzen, den Ton hat er abgestellt. Am liebsten würde er sich betrinken. Aber dazu müsste er rausgehen, es ist kein Alkohol da. Und dafür fehlt ihm der Elan.

SIE

»Jimmy? Jimmy? Jimmy, wo bist du?«

Seit zehn Minuten läuft sie durch ihre kleine Wohnung und ruft nach dem Kater. Jimmy versteckt sich, weil er weiß, dass sie ihn ins Schlafzimmer einsperren muss. Die Freundin ihres Vaters, die sie heimlich »Luise, die Schreckliche« nennt, ist allergisch gegen Katzenhaare. Und Birkenpollen, Rotwein, Nüsse, Hausstaub und jede Art von Humor. Dafür pünktlich wie die Atomuhr. In drei Minuten werden sie da sein, um Weihnachten bei ihr zu feiern. Ihr steht ein quälender Abend voller Selbstbeweihräucherung von Luise und ihrem Vater bevor. Nein, sie sollte nicht voreilig sein, vielleicht wird es dieses Mal ja anders. Der Braten ist im Backofen, der Tisch gedeckt, im Radio singt Bing Crosby über weiße Weihnachten.

Vor ein paar Stunden hat sie den Tannenbaum hereingeschleppt. Eigentlich wollte sie einen kleinen, aber der Verkäufer hatte nur mehr diesen windschiefen mit den vielen kahlen Stellen, dafür fast zwei Meter groß. Natürlich ist es lächerlich, Bäume können nicht traurig aussehen. Und trotzdem hat er diesen Eindruck auf sie gemacht. Sie hat ihn einfach nehmen müssen. Jetzt steht er vor dem Fenster und sieht mit den bunten Lämpchen und den glänzenden Kugeln hinreißend aus. Sie weiß, ihrem Vater und Luise wird er nicht gefallen. Wie jedes Jahr. Da kann der arme Baum nichts dafür. Es läutet. »Jimmy«, ruft sie erneut. Nichts. Es läutet. »Dann bleib halt in deinem Versteck«, murmelt sie und geht zur Tür.

ER

Die Elfen werden von Rentieren abgelöst, danach läuft ein Weihnachtsfilm. Er starrt auf den stummen Fernseher und will am liebsten tot sein.

In dieser neuen Wohnung wollte er einen Neuanfang machen. Die berühmten fünf Phasen der Trauer hat er doch endlich hinter sich gebracht.

Nummer eins war noch die leichteste, das ›Nicht-wahr-haben-Wollen‹. (»Sie braucht nur eine Pause, sie kommt sicher wieder zurück.«) Gefolgt von zwei, dem ›Zorn‹. (»Sie ist das Allerletzte, eine hinterhältige Betrügerin.«)

Diese Phase dauerte nur kurz und ging gleich über in Nummer drei – ›Verhandeln‹. (»Ich werde nie

wieder im Auto ausrasten und der gutmütigste Fahrer der Welt sein, wenn sie zu mir zurückkommt.«)
Doch sie kam nicht – dafür Nummer vier, die ›Depression‹, die ihm monatelang das Gefühl absoluter Sinnlosigkeit gab.

Anfang Dezember war er ganz von selbst in Phase fünf, die ›Akzeptanz‹ geglitten. Sie hat also einen anderen. Ist glücklich und kommt nicht zu ihm zurück. Das ist kein Weltuntergang, das passiert ständig. Schlimmer wäre es gewesen, hätte sie ihm das in zwanzig Jahren angetan. Jetzt ist er ein halbwegs junger Mann – je nachdem, von welcher Lebensseite man das betrachtet. Aber immerhin gibt es noch diese Möglichkeit des Blickwinkels.

Innerhalb einer Woche war er in die neue Wohnung umgezogen und hatte den Schmerz in der alten zurückgelassen. Dachte er. Jetzt weiß er, das war ein Irrtum. Er hat eine bis dato unbekannte Phase sechs entdeckt. Die ›totale Erschöpfung‹.

Am liebsten würde er nur noch schlafen – und genau das kann er nicht mehr. Stundenlang liegt er wach, sein Hirn scheint sich schlichtweg zu weigern, ihn einschlafen zu lassen.

Die Stille wird von einem lauten Knurren durchbrochen. Sein Magen, er hat heute noch nichts gegessen. Während er nach dem Handy greift, fragt er sich, ob es etwas Trostloseres als chinesischen Lieferservice zu Weihnachten gibt?

Sie lächelt tapfer, während Luise und ihr Vater ohne Punkt und Komma schwafeln. Natürlich gefällt ihnen der Baum nicht, der Braten ist zu trocken, und Luises Bronchien reagieren auf herumfliegendes Katzenhaar. Dass sich Jimmy hier irgendwo versteckt, verrät sie nicht. Es gibt einen Vortrag über ihren Beziehungsstatus (»Andere Frauen in deinem Alter haben längst Mann und Kinder.«) und die Karrieresituation (»Es wäre doch wenigstens an der Zeit, sich einen richtigen Job zu suchen und das Malen als Hobby zu betreiben.«).

Nach drei endlosen Stunden gehen die beiden, und sie schwört sich, das wäre das letzte gemeinsame Weihnachten gewesen. Doch schon morgen wird sie dieses Vorhaben verwerfen, wie jedes Jahr.

Jimmy hat sich vorbildlich verhalten und ist nicht ein Mal aufgetaucht. Sie holt für ihn den teuren Wildlachs aus dem Kühlschrank und gießt sich Sekt nach.

»Jimmy! Komm raus, jetzt feiern wir Weihnachten. Gleich läuft *Ist das Leben nicht schön?* im Fernsehen.« Diesen Film sehen sie sich jedes Jahr gemeinsam an. »Jimmy?«

Sie ruft ihn immer wieder, geht durch die Wohnung, sieht unter dem Bett nach, sucht hinter der Couch, überprüft die Trommel der Waschmaschine.

Kein Jimmy. Ihr wird übel, als sie ihren Irrtum begreift. Jimmy hat sich nicht versteckt. Er ist gar nicht da.

ER

»Na, der ist ja hübsch«, sagt der junge Mann von Chen's Lieferservice und reicht ihm an der Tür die Bestellung. Er hat keine Ahnung, was der damit meint, und es interessiert ihn auch nicht. Hauptsache, die süßscharfen Schweinerippchen, der Eierreis und die Flasche Pflaumenschnaps sind da.

»Danke, stimmt so«, sagt er und schließt eilig die Tür, während er noch das »Frohe Weihnachten« hört. Es klingt wie eine Verhöhnung.

Er dreht sich um, holt eine Gabel in der Küche und schlurft weiter ins Wohnzimmer. Im Augenwinkel nimmt er einen Schatten wahr, der an ihm vorbeihuscht. Eine optische Täuschung? »Miau.« Und nochmals: »Miau.« Er bleibt stehen. Ist er jetzt völlig verrückt geworden? Oder sitzt auf seiner Couch tatsächlich eine dunkelbraune Katzc und blickt mit blauen Augen zu ihm auf?

SIE

Jimmy ist weg.

Sie hat das gesamte Treppenhaus nach ihm abgesucht, den Keller, die Mülltonnen. Er muss schon vor Stunden entwischt sein, als die Wohnungstür wegen des Christbaums offen stand. Sie läutet bei den Nachbarn, keiner hat ihn gesehen.

»Haben Sie schon im Chinarestaurant nebenan gefragt? Nicht, dass es eine Katz-astrophe gibt. Womöglich machen die aus Jimmy Chop Suey«, lacht Herr Berger im ersten Stock über seinen eigenen Witz. Sie wirft ihm einen vernichtenden Blick zu.

Im ›Chen's‹ steht Chen persönlich hinter dem Tresen.

Eigentlich heißt er Michael und kommt aus München. Er ist gestresst, ständig läutet das Telefon, an Weihnachten ist Hochbetrieb beim Lieferservice. Pekingente ist heute Abend der Renner, sagt er und nimmt die nächste Bestellung an. Eine braune Katze mit blauen Augen hat er leider nicht gesehen. Zum Trost überreicht er ihr einen Glückskeks und wünscht frohe Weihnachten.

Kaum hat sie das Lokal verlassen, bricht sie in Tränen aus. Eine Stunde lang läuft sie durch die verschneiten Straßen. Es ist eiskalt, ihr Wintermantel hängt in der warmen Wohnung. Es ist ihre eigene Schuld. Jimmy ist weg. Herr Berger hat recht. Es ist eine Katz-astrophe. Sie muss zurück nach Hause und den Mantel holen, sonst friert sie sich zu Tode.

»Hey, ist alles in Ordnung?«, fragt eine Männerstimme hinter ihr. Sie dreht sich um. Es ist Chen's

Sohn, Michael junior, der an den Wochenenden das Essen für das Restaurant ausliefert.

ER

»Wirst du schon vermisst? Oder bist du ein Weihnachtsgeschenk?«, fragt er.

Die Katze antwortet mit einem Mauzen. Er sitzt bei seinem dritten Glas Pflaumenschnaps. Sie sind beide satt. Er hat für die Katze Fleisch von ein paar Schweinerippchen gezupft und die Sauce abgewaschen. Sie hat kein Halsband, für einen Streuner ist sie aber viel zu gepflegt.

Er könnte im Haus fragen, ob sie jemandem gehört. Aber irgendetwas hält ihn davon ab. Vielleicht, weil es schön ist, Gesellschaft zu haben, wenn man schon die ganze Zeit wach ist und nicht schlafen kann. Nein, es ist etwas anderes. Ein merkwürdiges Gefühl. Als wäre diese fremde Katze etwas, auf das er gewartet hat. Aber das ist verrückt. Möglicherweise ist der Alkohol dafür verantwortlich, denkt er und nimmt noch einen Schluck. Die Katze scheint sich hier jedenfalls wohlzufühlen. Sie hat bereits eine Runde durch seine Wohnung gedreht und alles begutachtet. Er hat sogar den Ton für sie aufgedreht. Gerade fängt der Vorspann von Frank Capras *Ist das Leben nicht schön?* an. Er will sofort umschalten. Da klopft es an der Tür.

Sie steht hinter Michael junior und weiß gar nicht, was sie hier soll. Natürlich ist diese Katze, die er hier gesehen hat, nicht Jimmy. Die Wohnungstür wird geöffnet. Das kann nicht sein. Das sind ihre Nerven. Der Stress, der ihr einen Streich spielt. Dieser Mann sieht aus wie ein Zwillingsbruder von James Stewart. Er ist ziemlich blass, seine Haare sind so verlegt, als wäre er gerade aufgestanden, und er hat Augenringe in der Farbe von Auberginen. Nichtsdestotrotz sieht er aus wie James Stewart.

»Wir sind hier wegen der Katze«, sagt Chens Sohn. Der Mann nickt sofort, er scheint nicht überrascht.

»Ich kann nicht bleiben, hab noch eine Auslieferung.« Sie sieht Chens Sohn nach, wie er die Treppen hinunterläuft.

»Sie ist im Wohnzimmer«, sagt James Stewart.

Ihr Kater sitzt seelenruhig auf der Couch und würdigt sie keines Blickes. Stur schaut er auf den Fernseher, wo der echte James Stewart gerade durch eine verschneite Stadt läuft. Sie weiß nicht, ob sie lachen oder weinen soll.

»Ich glaube, sie will den Film zu Ende sehen«, sagt der James-Stewart-Doppelgänger.

»Sie heißt Jimmy und ist ein Er.«

»Das ist ein schöner Name.«

Sie nickt. Sie kann nicht aufhören, ihn anzustarren.

»Er heißt Jimmy wegen James Stewart«, sagt sie.

»Lustig.«

»Er war der Lieblingsschauspieler meiner Mutter.«

»War?«

»Sie ist vor ein paar Jahren gestorben.«

»Das tut mir leid.« Sein Ton klingt aufrichtig. Er neigt den Kopf. »Wollen Sie vielleicht einen Pflaumenschnaps?«

»Sehr gern.«

ER

Er wacht auf der Couch auf. Draußen ist es hell, und alles ist weiß. Wie lange hat er geschlafen? Das Letzte, woran er sich erinnert, ist ihr Lachen, als er die tanzenden Zeichentrickelfen nachgemacht hat, Jimmy vor dem Fernseher und die leere Flasche Pflaumenschnaps. Sie scheint ihn zugedeckt zu haben. Auf seinem Couchtisch liegt eine Notiz.

»Wollte Sie nicht wecken. Darf ich Sie als Dankeschön zum Essen einladen?«

Darunter steht ihre Telefonnummer.

SIE

Vor ein paar Minuten hat er angerufen. In einer halben Stunde ist er da. Er möchte den schiefen, kahlen

Weihnachtsbaum sehen, von dem sie ihm erzählt hat.

Jimmy sitzt vor der Wohnungstür, als würde er auf ihn warten. Als sie in ihre Jeans schlüpft, knistert es in der Hosentasche. Es ist der Glückskeks, den Chen ihr gestern geschenkt hat. Sie öffnet ihn und beginnt laut zu lachen.

Darin steht: *Glück ist, wenn die Katastrophe eine Pause macht.*

Christiane Lind
Winzige Überraschung beim Weihnachtsbaumkauf

In diesem Jahr wollte Gottfried auf einen Tannenbaum verzichten. Nicht nur auf den Baum – das ganze Fest konnte ihm gestohlen bleiben. Ein Tag wie jeder andere sollte Weihnachten für ihn sein. Seinetwegen konnten die Nachbarn Leuchtsterne vor die Tür hängen und Tannenzweige mit künstlichem Schnee dekorieren. Gottfried würde sich an diesem Tamtam nicht beteiligen. Die Kisten mit der Weihnachtsdekoration standen im Keller, und dort würden sie in diesem Jahr auch bleiben.

Zu sehr schmerzte ihn die Erinnerung an Elke. Daran, wie sie jedes Jahr zur Weihnachtszeit die Holzkrippe aufgestellt, die Räuchermännchen aus dem Erzgebirge und die Lichterbögen in alle Fenster verteilt hatte. Bunte Häuser teilten sich den Platz mit Hirschen vor einer Futterraufe aus heller Birke. Aber damit war noch lange nicht Schluss. Elke liebte Engel unterschiedlichster Größen und Materialien, die sich auf jedem Tisch in der Wohnung fanden, und Weihnachtsmänner, die sich an goldfarbenen Bändern von der Decke abseilten.

Jedes Jahr war es mehr geworden. Gottfrieds Beitrag zum Weihnachtsfest hatte sich darauf beschränkt, kurz vor Heiligabend den richtigen Baum zu suchen. Nie war es ihm gelungen, die perfekte Tanne zu finden. Mal fand Elke den Baum zu buschig, mal zu hager, mal zu klein, dann wieder zu groß, zu schief gewachsen oder zu gerade. Und in diesem Jahr ...

In diesem Jahr hatte Gottfried keine Möglichkeit mehr, den perfekten Baum für Elke zu finden. Denn seine Ehefrau war im Frühjahr überraschend gestorben. Seitdem vergrub Gottfried sich in seiner Trauer und ging anderen Menschen aus dem Weg. Selbst mit den Kindern hatte er sich zerstritten, an seinem Geburtstag, kurz vor Ostern. Warum und mit wem sollte er da Weihnachten feiern?

»Noch ein Tag bis Heiligabend!«, hatte ihn der Radiosprecher heute Morgen begrüßt, und Gottfried hatte kurz überlegt, ob er nicht verreisen sollte. Irgendwohin, wo es kein Weihnachten gab. Keine Engel, keine Weihnachtsmänner ... und keine Tannenbäume. Warum musste er immer wieder an sie denken? Er wusste es nur zu gut. Denn heute war der Tag des Jahres, an dem Elke stets angefangen hatte zu drängeln.

»Wenn du jetzt nicht losgehst, bleiben nur noch die kaputten und hässlichen Bäume über«, hatte sie auch im Jahr zuvor gesagt und die Hände auf ihre typische Art in die Hüften gestemmt. »Dann bekommen wir wieder einen Ladenhüter wie jedes Mal.«

»Der Baum vom letzten Jahr war schön«, hatte er protestiert, aber trotzdem seine Jacke angezogen und die Mütze aufgesetzt. »Und er hat kaum genadelt.«

»So krumm war er, dass die Lichterkette nur mit Mühe gehalten hat«, hatte sie widersprochen und ihm noch nachgerufen: »Nimm nicht den billigsten. Nimm einen schönen!«

Jedes Jahr hatten sie diese Diskussion geführt. Gottfried wollte bis zum letzten Augenblick warten, um den Baum günstiger zu bekommen. Elke war gewillt, mehr Geld für eine schöne Tanne auszugeben. Jedes Jahr hatte Gottfried am Tag vor Heiligabend nachgegeben und sich auf die Suche nach einem – nein, nach *dem* einen Weihnachtsbaum begeben.

»Ach, warum nicht«, sagte Gottfried schließlich zu sich selbst. Er stellte den Fernseher aus, erhob sich mühsam aus dem Sessel, der beinahe so alt war wie er. Im Flur zog er die Jacke an und setzte die Mütze auf. »Für Elke.«

Aus dem Autoradio ertönte *White Christmas,* und Gottfried überlegte, wo er den Baum in diesem Jahr kaufen sollte. Sicher waren die Baumärkte voller Menschen, danach stand ihm auf keinen Fall der Sinn. Er seufzte und wollte umdrehen, um nach Hause zurückzufahren. Da fiel ihm der Parkplatz ein, wo jedes Jahr ein tiefvermummter Händler Nordmann- und Blautannen verkaufte. Der Mann redete nicht viel, und seine Bäume waren preisgünstig. Entschlossen schaltete Gottfried das Radio mitten in Bing Crosbys Gesang aus und fuhr in erholsamer Stille zu dem Platz. Dort angekommen, stellte er mit Schrecken er fest, dass nur noch wenige Bäume übrig waren.

Das Leben schien ihm nicht wohlgesonnen und wollte ihm wohl sagen, dass er die Suche nach einem Weihnachtsbaum aufgeben sollte. Er seufzte, aber öffnete trotzdem die Autotür und stieg aus. Eiskalt wehte ihm der Wind um die Nase, seine Füße rutschten auf dem vereisten Schnee aus. Vorsichtig schlitterte er auf den Verkäufer zu.

»Haben Sie noch Nordmanntannen?« Suchend blickte Gottfried sich um. Die Bäume waren in Netze gewickelt und unter Schneeresten versunken, sodass er überhaupt nicht erkennen konnte, was er vor sich hatte. »Nicht zu groß, nicht zu teuer.«

»So vier oder fünf stehen noch dahinten.« Der Händler deutete mit der Linken, die in einem dicken Handschuh steckte, vage in die Richtung. »Kommen Sie, ich bringe Sie hin.«

Die verbliebenen Tannen lagen kreuz und quer durcheinander, als ob ein achtloser Riese mit ihnen Mikado gespielt und danach nicht aufgeräumt hätte. Mit zielsicherem Griff zerrte der Verkäufer ein

Bündel aus dem Haufen heraus, klopfte den Schnee ab und hielt es an der Spitze aufrecht.

»Guter Baum. Nur zwanzig Euro.«

»Hmm, hmm«, machte Gottfried, während er um den Händler und die Tanne herumging. An sich sah der Baum ganz gut aus, ein bisschen krumm vielleicht, aber schön buschig. Am letzten Tag vor Heiligabend sollte er allerdings billiger zu haben sein. »Etwas schief, oder? Fünfzehn Euro.«

»Den müssen Sie nur richtig anschneiden, wenn Sie ihn in den Ständer stellen, dann ist das ein perfekter Baum.« Der Mann klopfte noch etwas Schnee weg. »Ganz frisch, riechen Sie mal. Achtzehn Euro.«

»Haben Sie noch andere?« Gottfried feilschte nicht zum ersten Mal. Den Preis konnte er sicher noch drücken, Zeit hatte er ja genug. »Aber nur Nordmanntannen, bitte.«

»Wie wär's mit dem?« Wieder zog der Händler einen Baum heraus, klopfte ihn ab und präsentierte ihn. »Ist etwas kleiner. Kann man auf einen Tisch stellen. Siebzehn Euro.«

»Auf keinen Fall.« Der Preis sagte Gottfried zwar zu, aber das Bäumchen war auf einer Seite beinahe kahl. So etwas hätte Elke niemals akzeptiert. »Oder ist das etwa der letzte?«

»Ein paar habe ich noch«, antwortete der Mann, das Seufzen in seiner Stimme deutlich hörbar. »Aber viele nicht mehr. Heute ist schließlich …«

»Ich weiß«, unterbrach ihn Gottfried und hob die Hand. »Moment. Was war das? Haben Sie das nicht gehört?«

»Da ist nichts. Nehmen Sie den Baum oder nicht?«, fragte der Verkäufer und sah sich um, als erwartete er weitere Kunden.

»Psst. Ich bin mir sicher, da war was«, zischte ihm Gottfried zu. Er beugte sich vor und lauschte. Wieder vernahm er ein schwaches Geräusch, wie ein leises Weinen. Hatte da etwa jemand ein Kind vergessen? »Dahinten. Das müssen Sie doch hören.«

Der Verkäufer schüttelte den Kopf, trat ungeduldig von einem Fuß auf den anderen und schlug die Hände zusammen, um die Kälte zu vertreiben. »Hier sind nur Bäume und Sie und ich.«

Aber Gottfried ignorierte ihn und ging in Richtung des Geräuschs. »Heben Sie den krummen Baum da mal etwas an«, wandte er sich an den Verkäufer. »Bitte.«

»Wenn Sie dann endlich einen kaufen.« Der Mann hob die schiefe Tanne an der Spitze hoch und zerrte sie etwas hervor. »Mensch, Sie hatten recht.«

Als er sich vorbeugte, trat auch Gottfried näher heran und konnte kaum glauben, was er dort sah. Unter dem Schutz des Baums saß ein Kätzchen und blinzelte die beiden Männer aus müden grünen Augen an. Dann rollte es sich zusammen, als wollte es sich unsichtbar machen. Schwarzbraun war es und struppig. Gottfried konnte beim besten Willen nicht erkennen, wo der Dreck aufhörte und das Fell des Tierchens begann.

»Also, was ist? Welchen Baum wollen Sie?« Der Verkäufer tippte ungeduldig mit dem Fuß, was das Kätzchen erschreckte. Es machte sich noch kleiner und kniff die Äuglein zu. »Den hier kann ich Ihnen für zwölf Euro geben. Oder wollen Sie den ersten?«

»Gehört die Katze Ihnen?«, ignorierte Gottfried die Frage und betrachtete das arme Ding genauer. Ganz mager war es und zitterte. Kein Wunder, bei der Kälte. »Warum holen Sie das Kleine nicht ins Warme?«

»Nie gesehen. Ich habe einen Dackel.« Der Händler trommelte gegen die Tanne, was diese mit einem kräftigen Nadeln quittierte. »Der liegt bei mir zu Hause auf dem Sofa.«

»Man kann es doch nicht hierlassen«, murmelte Gottfried mehr zu sich selbst als zu dem ungeduldigen Mann. »Es wird bestimmt erfrieren.«

»Nehmen Sie das Kätzchen doch mit«, antwortete der Verkäufer. »Es ist ja winzig. Draußen wird es nicht mehr lange überleben.« Er klang ehrlich besorgt.

Gottfried dachte einen Moment nach. Was sollte er mit einer Katze? Er war eher ein Hundemensch und hätte nicht einmal Futter für das Tier.

»Nehmen *Sie* es doch mit. Schließlich lag es unter Ihrem Baum«, schlug er vor. »Da müssen Sie Verantwortung übernehmen.«

»Wenn mein Dackel nicht wäre, würde ich es nehmen.« Der Verkäufer ging in die Knie, um dem Kätzchen mit einem Finger sanft über den Kopf zu streichen. Das Kleine blinzelte und drückte das Köpfchen gegen den Finger.

»Aber ... Ich habe ja nicht mal etwas, worin ich es transportieren könnte«, überlegte Gottfried laut.

»Ich könnte Ihnen einen Holzkorb geben«, bot der Händler an. »Wer setzt denn so etwas Kleines aus? Und dann noch zu Weihnachten.«

»Ich nehme den ersten Baum und den Holzkorb. Wenn die Katze sich fangen lässt.« Sicherheitshalber zog Gottfried die Handschuhe an, bevor er näher an die kleine Schwarzbraune herantrat. Vorsichtig griff er nach dem Kätzchen, das sich sofort an seine Hand schmiegte und ganz leise zu schnurren begann. »Bringen Sie mir bitte den Baum zum Wagen?«

»Bin gleich wieder da.« Der Verkäufer nickte Gottfried zu, ein Lächeln in seinen Augen. »Ich hol nur schnell den Korb.«

Vorsichtig hielt Gottfried das Kätzchen im Arm, das kaum etwas zu wiegen schien. Wann hatte das arme Tierchen wohl das letzte Mal etwas zu essen bekommen? Apropos fressen – was frisst so ein Zwerg überhaupt, und wo bekam man das Futter her? Und ein Katzenklo brauchte es. Vielleicht sollte Gottfried den Stubentiger einfach im Tierheim abgeben und hoffen, dass sich jemand über Weihnachten seiner erbarmte.

»Was wollen Sie mit ihr machen? Ins Tierheim bringen?« Inzwischen war der Händler mit einer Holzkiste in der Hand zurückgekehrt, die er mit Zeitungspapier und einem Handtuch ausgepolstert hatte.

»Nein«, entschied Gottfried und war selbst überrascht von seiner Antwort. »Ich nehme sie mit. Platz habe ich genug, ich bin ja allein.« Was war nur mit ihm los? »Wissen Sie, wo ich Futter und Streu kaufen kann?«

»In der Berggasse gibt es einen großen Laden.«

Während Gottfried Kätzchen und Kiste im Auto unterbrachte, vertäute der Mann die Nordmanntanne mit geschickten Griffen auf dem Dachgepäckträger.

»Was bin ich Ihnen schuldig?«, fragte Gottfried und zog das Portemonnaie aus der hinteren Hosentasche hervor. »Achtzehn Euro, hatten Sie gesagt?«

»Lassen Sie gut sein«, winkte der Händler lächelnd ab. »Kaufen Sie der Kleinen dafür etwas Schönes von mir. Fröhliche Weihnachten.«

»Fröhliche Weihnachten«, antwortete Gottfried. Verdutzt steckte er das Portemonnaie wieder ein und fuhr los.

Schnell erreichte er den Tierfuttermarkt und staunte über dessen gewaltige Größe. Warum war ihm dieser riesige Laden noch nie aufgefallen? Er sah sich nach dem Kätzchen um. Sollte er es mitnehmen oder lieber im Auto lassen? Das Kleine drehte sich um und schnarchte leise im Schlaf. Besser nicht stören. Wohin sollte es auch flüchten?

Als Gottfried den Markt betrat, blieb er stehen und kratzte sich am Kopf. Wie sollte er sich hier nur zurechtfinden? Regale voller Tierfutter erstreckten sich vor ihm in endlosen Reihen. Glücklicherweise gab es Hinweisschilder, die ihm die Suche erleichterten. Hundefutter. Heu für Nager. Spezialfutter für Echsen. Fischfutter. Katzenfutter.

Aber selbst nachdem er die Regalreihen mit dem Fressen für Stubentiger gefunden hatte, war ihm nicht geholfen. Worin bestanden die Unterschiede – außer im Preis – zwischen den unzähligen Dosen und Beuteln, auf denen zufrieden wirkende Katzen abgebildet waren? Außerdem war es mit Futter allein nicht getan. Eine Katze musste zur Toilette, wollte spielen und benötigte wohl auch einen eigenen Schlafplatz. Hilfesuchend sah er sich um.

»Ich brauche alles.« Endlich hatte Gottfried eine Verkäuferin entdeckt. Die zierliche Frau trug zur Feier der Jahreszeit eine rote Weihnachtsmütze und wirkte sichtbar erschöpft. »Für eine Katze. Eine kleine«, erklärte er.

»Was meinen Sie mit ›alles‹?« Die Frau klang müde, als könnte sie die Zeit bis zum Feierabend kaum abwarten. »Und wie alt ist die Katze?«

»Ich weiß es nicht.« Gottfried nestelte verlegen an einem Knopf seiner Jacke, zog an dem losen Faden, den niemand mehr festnähte. »Ich habe sie – oder ihn – gerade eben gefunden. Sie ist ziemlich klein, ungefähr so.« Er hielt die Hände nebeneinander, sodass sie eine Kuhle bildeten, in die das schwarze Kätzchen perfekt passen könnte. »Ich habe sie im Auto, wenn Sie sie sehen wollen.«

»Gefunden?« Auf einmal klang die Verkäuferin munter. Ein Lächeln erhellte ihr Gesicht und ließ sie freundlicher wirken. »Wo denn?«

»Unter einem Weihnachtsbaum.« Kaum hatte er die Worte ausgesprochen, spürte er, wie seine Ohren heiß wurden. »Also, nicht wirklich unterm Weihnachtsbaum, sondern als ich einen Baum kaufen wollte«, stotterte er.

»Wer ist denn so gemein und setzt bei der Kälte ein Kätzchen aus?« Empört stemmte die Verkäuferin die Hände in die Hüften und schüttelte den Kopf. »Und Sie haben das Tierchen mitgenommen?«, fragte sie, die Stimme deutlich sanfter.

»Ich konnte sie doch nicht erfrieren lassen. Aber ich habe gar nichts für eine Katze zu Hause. Ich weiß nicht mal, was man so braucht.«

»Kommen Sie mit. Weil Weihnachten ist und Sie

ein guter Mensch sind, mache ich Ihnen einen Son-
derpreis. Nass- oder Trockenfutter?«

»Keine Ahnung, ich habe sie ja gerade erst ken-
nengelernt«, konnte Gottfried nur antworten. Die
Katze hatte wie ein Baby ausgesehen. Was die wohl
fraßen?

»Ich stelle ihnen ein paar Sorten zusammen. Und
ein bisschen Katzenmilch. Katzen sind eigen, was
ihr Futter angeht.«

Gottfried nickte. Er war froh, jemanden gefunden
zu haben, der ihm diese Entscheidungen abnahm.
Zielstrebig ging die Verkäuferin durch den riesigen
Markt und holte einen Einkaufswagen, den sie mit
sicherer Hand durch die Regalreihen schob. Sie drehte sich nach rechts, griff dort ein paar Dosen, wandte
sich nach links, holte Tüten und Beutel, schob den
Wagen nach vorn und packte zwei Näpfe ein, die
mit schwarzen Kätzchen verziert waren.

»Danke schön.« Gottfried blieb nichts übrig, als
ihr zu folgen und staunend zu beobachten, was alles in dem Wagen Platz fand. »Was brauche ich
noch?«

»Transportkorb. Katzentoilette. Streu«, zählte die
Verkäuferin auf. »Klumpstreu oder nicht klumpend?«

»Ich ... ich weiß nicht. Was ist denn besser?« Reichte denn nicht einfacher Sand? Niemals hätte er erwartet, dass es so kompliziert war, ein Kätzchen zu
halten.

»Nehmen wir Klumpstreu. Und eine Schaufel. Nein, besser zwei.« Sie packte alles in den Wagen. »Ein Katzenbett. Welche Farbe?«

»Können Katzen Farben überhaupt erkennen?« Ratlos stand Gottfried vor dem Regal mit Liegekisschen, Schlafhöhlen und Decken von Grau über Blau bis hin zu Pink. »Welches ist am günstigsten?«

»Wie wäre es mit diesem hier?« Die Frau hielt ein braunes flauschiges Oval hoch. »Damit kann man nichts falsch machen.«

»Danke.« Noch immer staunte Gottfried, wie viel Ausstattung ein winziges Tier brauchte. »Haben wir jetzt alles?«

»Beinahe. Einen Kratzbaum sollten Sie noch mitnehmen, wenn Ihnen etwas an Ihren Möbeln liegt.« Sie schob den Einkaufswagen um zwei Regale herum und hielt vor einer Kratzbaum-Oase an, wo graue, braune, blaue und pinkfarbene Holzgestelle unterschiedlichster Größen auf kratzfreudige Katzen warteten. »Fangen wir mit dem Grundmodell an.«

Ein gerade mal kniehohes Ding, bestehend aus zwei mit grauem Plüsch bezogenen Quadraten und einer Sisalstange dazwischen, fand seinen Weg in den Einkaufskorb.

»Haben Sie auch Katzen?«, fragte Gottfried, um etwas Persönlicheres zur Unterhaltung beizutragen.

»Drei. Alle aus dem Tierheim.« Die Verkäuferin

holte ihr Portemonnaie aus dem Kittel und reichte ihm daraus ein Foto.

»Ganz schön riesig. Meine ist so winzig.« Gottfried holte erschrocken Luft. »Vielleicht ist sie ja krank.«

»Waren Sie mit ihr schon beim Tierarzt, wegen Würmern und Flöhen und so? Bei Straßenkatzen kann man nicht vorsichtig genug sein«, warnte ihn die Frau, während sie den gut gefüllten Wagen in Richtung Kasse schob. »Hier sind noch ein paar Weihnachts-Snacks. Obwohl die Kleine ja schon Weihnachten feiern konnte, als Sie ihr das Leben gerettet haben.«

Als sie das sagte, fühlte Gottfried sich beinahe wie ein Held. Aber dann drängten sich die Sorgen wieder in den Vordergrund.

»Tierarzt? Würmer?« Er schluckte. Was sich so alles aus seiner spontanen Entscheidung ergab! Ach, egal – dieses Jahr hatte er ja keine Geschenke kaufen müssen. »Hat so kurz vor Weihnachten überhaupt noch ein Tierarzt auf?«

»Gehen Sie zu Frau Doktor Krug in der Langen Straße. Da bin ich mit meinen Katzen auch«, empfahl ihm die Verkäuferin. Sie packte ihm Futter, Katzenmilch und Schaufeln in den Transportkorb. Schließlich schüttete sie einen Haufen kleiner Plastikpäckchen in das Katzenklo. »Futterproben«, erklärte sie. »Vielleicht ist ja was dabei, was Ihre Kleine besonders gern mag.«

Gemeinsam trugen sie den Einkauf zum Auto. Nachdem sie alles im Kofferraum verstaut hatten, holte Gottfried die Kiste mit dem Kätzchen vom Rücksitz des Autos. Die Schwarzbraune öffnete die Augen, blinzelte schlaftrunken und gähnte.

»Ach nein, ist die goldig.« Mit glänzenden Augen streckte die Verkäuferin die Hand aus und strich dem Kätzchen vorsichtig über das Köpfchen. »Und dreckig.«

Als wollte sie protestieren, legte die Katze den Kopf schief, machte einen Buckel, drehte sich einmal um sich selbst und legte sich dann wieder hin.

»Aber ein Baby ist das nicht mehr. Ich tippe, sie ist zwei oder drei Jahre alt«, schätzte die Verkäuferin. »Wie heißt sie denn? Ist es überhaupt ein Mädchen?« Sie tätschelte Gottfrieds Schulter, was ihn zu seinem Erstaunen anrührte.

»Ich weiß es nicht. Sie oder er hat noch keinen Namen«, musste er zugeben und schämte sich ein bisschen dafür. »Es ging alles so schnell.«

»Frohe Weihnachten für Sie und Ihre Katze«, wünschte ihm die Verkäuferin. »Und danke.« Zum Abschied schüttelte sie Gottfried die Hand. Bevor er fragen konnte, wofür sie ihm dankte, hatte sie sich schon umgedreht und marschierte zurück in den Laden.

»Fröhliche Weihnachten«, rief er ihr nach. Dann schaute er auf die Uhr: Kurz nach zwölf. Wie lange die Tierärztin wohl geöffnet hatte? Sollte er vorher anrufen? Nein, er wollte nicht warten. Wenn seine Katze krank war, sollte sie so schnell wie möglich behandelt werden.

Vorsichtig hob er das Kätzchen aus der Kiste und setzte es in den Transportkorb, den er vorher mit der alten Decke von der Rückbank ausgepolstert hatte. Ein Geschenk von Elke. Für Notfälle. Das Tierchen blinzelte nur einmal und schlief sofort wieder ein. War das normal oder Anzeichen einer lebensbedrohlichen Krankheit?, fragte Gottfried sich nervös. Schließlich hatte es in den letzten Nächten gefroren. Wie lange das arme Ding wohl unter dem Tannenbaum gelegen hatte?

* * *

»Guten Tag. Mein Name ist Pötter. Ich habe eine Katze gefunden«, sagte Gottfried zu der jungen Frau hinter dem Tresen. Zu seinem Glück hatte die Praxis noch geöffnet, und nur zwei Patienten, ein Rottweiler und ein Kaninchen, warteten gemeinsam mit ihren Menschen auf die Behandlung.

»Tut mir leid. Wir nehmen keine Fundkatzen an.« Die Tierarzthelferin lächelte ihn freundlich, aber distanziert an. »Da müssen Sie ins Tierheim gehen.«

»Nein, nein.« Unwillkürlich lächelte Gottfried zurück. »Ich würde die Katze gern behalten, möchte aber wissen, ob sie gesund ist.«

»Ach so. Das ist toll von Ihnen! So gute Menschen gibt es viel zu selten. Nehmen Sie bitte noch einen Augenblick Platz.« Als die junge Frau ihn anstrahlte, fühlte Gottfried sich ein paar Zentimeter größer.

Er setzte sich auf eine der orangefarbenen Bänke, die Transportkiste stellte er neben sich. Das Kätzchen presste den Kopf an die Gitter und schaute sich neugierig um. Ob es Hunger hatte? Oder Durst? Sollte er ihm jetzt schon etwas zu essen geben oder lieber erst die Untersuchung abwarten? Eigentlich wollte er sich gar nicht mit solchen Fragen beschäftigen. Er wollte nur seine Ruhe. Hatte er vielleicht zu überstürzt entschieden, das Kätzchen bei sich aufzunehmen?

»Kommen Sie bitte.« Die freundliche Helferin führte Gottfried in ein Behandlungszimmer. Zwei Poster, eines mit Hunderassen, das andere mit Katzenrassen, hingen an der Wand. Ihnen gegenüber erblickte Gottfried einen Kalender, dessen aktuelles Monatsblatt ein wurmartiges Monster zeigte. Er stellte die Transportkiste auf den Tisch, holte die Lesebrille aus der Jacke und las die Bildunterschrift.

»Ein Leberegel in riesiger Vergrößerung. Faszinierend, nicht wahr?«, sagte jemand hinter ihm. Erschrocken drehte er sich um, er hatte niemanden hereinkommen hören. Es war eine Frau um die dreißig, mit müden Augen, aber freundlichem Lächeln, wohl eine zweite Helferin.

»Guten Tag«, sagte er.

»Mein Name ist Melanie Krug«, stellte sie sich vor. »Ich bin die Tierärztin.«

»Ich heiße Gottfried Pötter.« Er musterte sie eingehend. Für eine Tierärztin schien sie Gottfried sehr jung zu sein, und auf einmal fühlte er sich alt. Vielleicht sollte er ihr einfach die Katze in die Hand drücken und allein nach Hause gehen. Was wollte ein alter Knacker wie er mit einem Kätzchen, das gut und gern zwanzig Jahre leben konnte?

»Wen haben Sie mir mitgebracht?«, fragte die Ärztin mit einem Blick auf den Transportkorb.

»Sie hat noch keinen Namen. Ich weiß nicht einmal, ob es ein Er oder eine Sie ist. Ich habe das Kätzchen gefunden, heute, unter einer Nordmanntanne.« Entschuldigend hob Gottfried die Hände.

»Im Wald?« Fachmännisch nahm die Tierärztin den sich sträubenden Stubentiger aus der Transportkiste. »Sieht aus, als hätte es ziemlich lange auf der Straße gelebt.«

»Beim Weihnachtsbaumverkauf. Der Baum ist noch auf dem Auto. Ich wollte es da nicht liegen lassen.«

»Das war großartig von Ihnen.« Vorsichtig drehte die Tierärztin das Kätzchen um und hob dessen Schwanz. »Ein Junge, eindeutig. Kastriert. Also hatte er mal ein Zuhause.«

Daran hatte Gottfried noch gar nicht gedacht. Vielleicht hatte seine Katze – nein, sein *Kater* – sich nur verlaufen, und eine Familie suchte nach ihm? Das wäre die einfachste Lösung ... Trotzdem gefiel Gottfried der Gedanke nicht, den Kleinen jemandem zu überlassen, der ihn verloren hatte.

»Können Sie herausfinden, wem er gehört?«

»Einen Chip hat er nicht, auch keine Nummer im Ohr. Aber Milben.« Die Tierärztin leuchtete dem Katerchen ins Ohr. »Flöhe hat er überraschenderweise keine, die sind wohl erfroren.« Sie tastete das Tier ab, öffnete sein Maul, schaute sich die Zähne an und horchte ihn mit einem Stethoskop ab.

»Er scheint gesund zu sein«, stellte sie schließlich fest. »Etwas unterernährt, aber er ist nicht erkältet, was einem Wunder gleichkommt.« Sanft streichelte sie dem Kater über den Rücken. »Ich empfehle einen Bluttest. Es könnte sein, dass er FIV hat, sogenanntes ›Katzen-Aids‹, oder Leukose, auch ›Katzenleukämie‹ genannt.«

»Ist das tödlich?« Von diesen Krankheiten hatte Gottfried noch nie gehört, aber beides klang beunruhigend. Er sollte sich wohl möglichst bald ein Buch über die Aufzucht und Pflege von Katzen besorgen, damit er mit all diesen Begriffen etwas anfangen konnte.

»Wir wollen nicht vom Schlimmsten ausgehen.« Die Tierärztin lächelte ihm beruhigend zu. »Eine Infektion mit dem FIV-Virus muss nicht zwangsläufig zum Ausbruch der Krankheit führen; Leukose ist gefährlicher. Wollen Sie den Test?«

Gottfried schluckte. Aber Unwissenheit war auch keine Lösung. »Ja, wenn es sein muss. Wann bekommen Sie das Ergebnis?«

»Wir machen einen Schnelltest, das dauert zwei Stunden. Machen Sie sich erst einmal keine Sorgen.«

Gottfried nickte, obwohl er einen Kloß im Hals spürte.

»Ich gebe Ihnen so schnell wie möglich Bescheid. Und jetzt bekämpfen wir erst einmal die Milben und sicherheitshalber auch Würmer und andere Parasiten.« Sie öffnete eine Schranktür und holte mehrere Ampullen heraus.

Das Katerchen maunzte, als hätte es jedes Wort verstanden, und presste sich flach auf den Tisch. Ohne großes Murren ließ es sich die Ohren säubern und Blut abnehmen. Zum Abschluss streichelte die Tierärztin ihn unter dem Kinn.

»Wenn nur alle Patienten so freundlich wären wie du. Das Fell sollten Sie vorsichtig bürsten«, erklärte sie Gottfried, »aber den Dreck bekommt er allein wieder weg. Haben Sie schon einen Namen?«

»Mohrle vielleicht oder Mikesch?« Gottfried runzelte die Stirn. Irgendwie sah sein neues Haustier weder nach einem Mohrle noch nach einem Mikesch aus. »Haben Sie eine Idee?«

»Was halten Sie von Findus?«, schlug die Tierärztin vor. Als sie den Kater wieder in seinen Transportkorb setzen wollte, sträubte der sich, als fürchtete er um sein Leben. »Was hat er nur?«

»Ich fürchte, er mag den Transporter nicht. Dann muss es eben so gehen.« Gottfried nahm den Kater auf den Arm. »Aber Findus gefällt mir. Danke und frohe Weihnachten.«

»Schön, dass Sie dem Kleinen ein Zuhause geben. Fröhliche Weihnachten«, wünschte ihm die Tierärztin. Beim anschließenden Blick ins Wartezimmer stieß sie einen kaum hörbaren Seufzer aus, und Gottfried fragte sich, ob das dem Dackel oder dem Kater galt, die beide um die Wette jaulten.

* * *

Während der gesamten Autofahrt knurrte Findus, er mochte den Transportkorb, in den Gottfried ihn sicherheitshalber eingesperrt hatte, wirklich nicht. Gottfried war heilfroh, als er endlich bei seiner Wohnung angekommen war. Seufzend sah er sich seine Einkäufe auf der Rückbank an. Er würde mindestens dreimal laufen müssen, bis er Kater, Tannenbaum und Katerzubehör in die Wohnung gebracht hätte. Am besten fing er mit Findus und etwas zu futtern für den Kleinen an. Den Katzentransporter in der Rechten und eine Tüte mit Futter und Katzenmilch in der Linken, stieß er die Haustür mit dem Fuß auf.

»Was haben Sie denn da?«

Gottfried ächzte. Er hatte gehofft, seinen neuen Gefährten am Hausmeister vorbeischmuggeln zu können. Hatte der Mann vor Weihnachten nichts Besseres zu tun, als ihm aufzulauern? Bestimmt hielt der Hauswart ihm gleich eine Predigt, dass Tierhaltung nicht erlaubt war oder angemeldet werden müsste, und über alle anderen Vorschriften und Verbote, die im Haus eingehalten werden sollten.

»Einen Kater«, erklärte Gottfried schicksalsergeben und blieb stehen. Er hob den Transportkorb, sodass der Hausmeister einen Blick hineinwerfen und sich davon überzeugen konnte, dass es wirklich nur *ein* Tier war und nicht gleich ein Katzenrudel. »Ich habe ihn draußen gefunden und wollte ihn bei dem Wetter nicht allein …«

»Der ist ja noch ganz klein.« So sanft hatte die Stimme des Hausmeisters noch nie geklungen. Der Mann ging in die Knie und stieß mit der Nase beinahe ans Gitter des Käfigs. »Miez, miez, guck mal.«

Ich würde mich in die hinterste Ecke verziehen, wenn so ein Riesenschädel auf mich zukäme, dachte Gottfried, aber das Katerchen schob sich ans Gitter heran, bis seine Nase beinahe die des Hausmeisters berührte. Vorsichtig streckte der Mann einen Finger in die Transportkiste, um Findus zu streicheln. Gottfried verspürte einen Stich der Eifersucht, als das Tier zu schnurren begann.

»Wie heißt der Kleine?« Der Hausmeister zog den Finger zurück und richtete sich auf.

»Findus.« Gottfried lächelte, froh, dass er einen schönen Namen für sein Haustier hatte.

»Früher, als Kind, da hatte ich auch immer Katzen«, erzählte der Hauswart. »Komisch, dass ich mir jetzt nie eine zugelegt habe. Wo haben Sie ihn denn her?«

»Jemand hat den Kleinen beim Tannenbaumverkauf ausgesetzt. Ich konnte ihn bei dem Wetter doch nicht draußen lassen.«

»Was sind das nur für Menschen? So einen kleinen Kerl einfach wegzuwerfen«, wunderte sich der Hausmeister mit seinem typischen Hausmeisterkopfschütteln, doch heute ärgerte Gottfried sich nicht darüber, sondern stimmte dem Mann aus vollem Herzen zu.

»Ich muss ihm etwas zu essen geben.« Zu seiner eigenen Überraschung griff Gottfried nach der Hand des Hausmeisters und schüttelte sie zum Abschied. Und die Worte, die ihm dabei aus dem Mund purzelten, überraschten ihn beinahe noch mehr: »Besuchen Sie Findus und mich doch nach den Feiertagen.«

»Das ist nett. Darauf komme ich bestimmt zurück.« Vorher hatte Gottfried nicht einmal geahnt, dass der Hausmeister lächeln konnte. Jetzt zog ein breites Grinsen über das Gesicht des Manns. »Frohe Weihnachten Ihnen beiden.«

* * *

Geschafft! Endlich war alles in die Wohnung gebracht und der Weihnachtsbaum aufgestellt. Findus hatte sich wie ein Verhungernder auf das Futter gestürzt, zwei Schälchen Milch geschlabbert und sich dann auf Gottfrieds Lieblingssessel zu einem Schläfchen niedergelassen. Währenddessen baute Gottfried das Katzenklo im Bad auf und füllte es mit Klumpstreu. Keine fünf Minuten später hörte er es laut scharren. Findus schien sich durch den Boden des Katzenklos hindurchgraben zu wollen. Erstaunlich, was für eine Sauerei so ein Tierchen anstellen konnte! Und noch erstaunlicher, was für ein Gestank damit einherging. Findus kam ins Wohnzimmer zurück, hüpfte auf Gottfrieds Sessel und begann sich zu putzen.

»Morgen machen wir's uns richtig schön, mein Kleiner«, versprach Gottfried und ließ sich aufs Sofa sinken, von dem aus er einen guten Blick auf den Baum hatte. Die Tanne musste noch geschmückt werden. Das hatte sonst immer Elke erledigt. Was sie wohl von Findus gehalten hätte? Gottfried spürte wieder den Kloß im Hals, der immer auftauchte,

wenn er an Elke dachte. Sicher hätte sie mit ihm ge-
schimpft, weil er an Weihnachten allein zu Hause
blieb.

»Mie-ep?«, erklang es auf einmal zu seinen Füßen.
Findus sah mit großen Augen zu ihm auf. Mit einem
Satz sprang er auf Gottfrieds Schoß, wo er sich zum
Schlafen zusammenkuschelte.

»Na, na, du Kleiner. Jetzt ist erst einmal Fellpflege
dran. So kann man dich ja nicht vorzeigen.«

Vorsichtig stand Gottfried mit dem Kater auf dem
Arm auf und legte Findus auf den Sessel, bevor er
Elkes Bürste aus dem Bad holte. Der Kleine gähnte
und schloss die Augen. Er blieb einfach liegen, während Gottfried ihm den gröbsten Dreck aus dem erstaunlich langen Fell kämmte. Nur das sich steigernde
Schnurren zeigte, dass der Kater nicht eingeschlafen
war. Gottfried striegelte Findus und fühlte sich zum
ersten Mal seit langer Zeit wieder zufrieden. Als das
Telefon klingelte, zuckte er zusammen.

Wer konnte das sein? Da ihn ohnehin niemand
mehr anrief, hatte er schon in Erwägung gezogen,
das Telefon abzumelden. Er stand auf und ging zum
Apparat.

»Pötter?«, meldete er sich. Das Katerchen hob den
Kopf und miaute fragend.

»Hallo, Herr Pötter. Hier Milan von der Tierarztpraxis Krug.«

»Hallo.« Plötzlich schlug Gottfrieds Herz schneller. Die Testergebnisse hätte er beinahe vergessen. »Ist ... ist er krank?«

»Nein, nein. Alles in Ordnung. Die Schnelltests waren negativ.« Auch die Tierarzthelferin klang erleichtert. »Ich wünsche Ihnen und Findus schöne Weihnachten.«

»Danke. Das wünsche ich Ihnen auch.« Gottfried legte eine Hand aufs Herz und seufzte erleichtert. Findus musterte ihn aufmerksam.

Beide zuckten zusammen, als das Telefon erneut klingelte. Hatte die Tierärztin etwas vergessen?

»Ja?«, meldete er sich.

»Hallo, Papa.« Es war seine Tochter, die sich verunsichert anhörte. »Ich wollte nur fragen, was du Weihnachten machst. Willst du wirklich allein feiern?«

Gottfried überlegte einen Augenblick. Es hatte keinen Sinn, den Riss konnte er nicht kitten. Die Kinder hatte er mit seiner schlechten Laune und den Vorwürfen vertrieben. Sie hatten ihr eigenes Leben und das war gut so. Als er sich kurz angebunden verabschieden und auflegen wollte, spürte er eine sanfte Berührung an seinem Unterschenkel. Er schaute nach unten und sah das Kätzchen, die winzigen Pfoten wie eine Art Aufforderung an seine Wade gelegt. Dann streckte Findus die Krallen aus und kletterte an Gottfrieds Hosenbein empor.

»Autsch, lass das!« Vorsichtig pflückte er das Tierchen mit der freien Hand von der Hose und legte es auf seine Schulter. Der Kleine schloss die Augen und schnurrte zufrieden.

»Papa? Bist du noch da?«, fragte seine Älteste besorgt. »Papa, sag doch was.«

»Ja, ja. Ich musste nur Findus von meinem Bein nehmen.«

»Wen?«

»Ich habe einen Kater gefunden.«

»Was ist denn?«, hörte er die Stimme seines Schwiegersohns im Hintergrund.

»Mein Vater sagt, er habe eine Katze gefunden. Müssen wir uns Sorgen machen?« Die Stimme seiner Tochter klang gedämpft, als hätte sie die Hand über den Hörer gelegt.

Die Antwort des Schwiegersohns konnte er nicht verstehen.

»Du musst dir keine Sorgen machen.« Gottfried spürte, wie der Groll in ihm hochstieg. Groll darüber, dass alle sich sorgten und ihm das auch noch sagten, als wäre er ein hilfloser, alter Mann. Gerade wollte er zu einer harschen Antwort ansetzen, als die Krallen des Katerchens sich in seinen Hals bohrten. »Autsch! Jetzt krallt er sich in meinen Hals.«

»Du hast also wirklich einen Kater.« Seine Tochter lachte leise, so wie ihre Mutter immer gelacht hatte, wenn Gottfried einer seiner Ideen gefolgt war. »Ich dachte, du wärst ein Hundemensch.«

»Ich habe ihn gefunden, als ich einen Tannenbaum

kaufen wollte. Wenn ich ihn nicht mitgenommen hätte, wäre er erfroren.« Wie oft hatte er die Geschichte heute schon erzählt?

Schweigen auf der anderen Seite. Dabei war seine Tochter immer die Tierfreundin gewesen. Das Kind, auf dessen Weihnachtswunschzettel jedes Jahr eine Katze oder ein Hund oder ein Pony gestanden hatte.

»Du hast dir immer eine Katze gewünscht. Na ja, jetzt habe ich eine.« Gottfried zögerte einen Augenblick und holte tief Luft. »Wenn ihr wollt, könnt ihr morgen zum Kaffee kommen. Dann kannst du Findus kennenlernen«, platzte es aus ihm heraus. »Dein Mann und du«, redete er schnell weiter, bevor er es sich anders überlegen konnte. »Und sag deinem Bruder auch Bescheid, bitte.«

»Äh, ja. Moment, ich muss Matthias fragen.« Wieder hörte er gedämpft ihre Stimme. »Mein Vater lädt uns für morgen ein.«

Ein kurzer Wortwechsel folgte, den Gottfried nicht verstehen konnte, weil Findus lauthals in sein Ohr schnurrte.

»Wir kommen gerne. Danke schön.« Fast meinte er, das Lächeln seiner Ältesten hören zu können. »Soll ich Kuchen mitbringen?«

»Nein. Nein, lass das.« Gottfried griff nach dem Katerchen, das an seinem Rücken hinabkletterte und dabei seine spitzen Krallen durch Gottfrieds Pullover bohrte.

»Miarf«, empörte sich Findus, als Gottfried ihn auf dem Tisch absetzte.

»Wie bitte?«

»Nicht du. Die Katze.«

»Grüß ihn von mir. Und ich grüße Matthias und Jan von dir«, sagte sie fröhlich, und Gottfried fühlte einen Stich, weil er so lange in seinem Zorn verharrt hatte. »Bis morgen, Papa.«

»Bis morgen.« Er legte auf, nahm Findus vom Tisch, setzte sich in den Sessel und legte sich das Katerchen auf den Bauch. »Na, du. Dank dir werde ich richtige Weihnachten feiern.« Gottfried streichelte Findus unterm Kinn, sodass der den Kopf weit hervorstreckte und schnurrte und schnurrte. »Langsam frage ich mich, wer hier wen gefunden hat.«

»Miöp«, antwortete Findus, blinzelte zweimal und schloss die Augen.

Henrike Wilson
Unerwarteter Besuch oder
ein Geschenk des Himmels

Es ist ein kalter, ungemütlicher Dezembertag kurz
vor Weihnachten. Es stürmt und schneit. Die Menschen hetzen durch die Straßen, ohne den kleinen
getigerten Kater zu beachten, der schon seit Tagen
verloren in der Stadt umherirrt. Sein Magen knurrt,
das Fell ist durchnässt. Erschöpft findet Streuner endlich ein halbwegs geschütztes Plätzchen im Hinter-
hof eines Altbaukomplexes. Da sitzt er nun und wartet und wartet. Darauf, dass irgendetwas geschieht.
Aber wenn er noch länger an derselben Stelle im
Schnee ausharrt, droht er festzufrieren. Ihn beschlei-
chen Zweifel. War es wirklich eine gute Idee gewesen, von zu Hause fortzulaufen? Wäre er doch besser
geblieben.

Die Familie, bei der Streuner zuletzt gewohnt hat,
hatte kleine Kinder. Was für ein Lärm und ein Durcheinander! Wenn er von seinen nächtlichen Ausflü-
gen zurückkam, konnte er nirgends Ruhe finden.
Egal, wohin er versucht hatte, sich zurückzuziehen,
überall entdeckten ihn die Kinder. Unaufhörlich
streichelten sie ihn, wollten ihn baden oder verklei-

den. Streuner weiß, dass sie es nicht böse meinten. Aber er hatte genug davon. Und machte sich aus dem Staub.

Nun sitzt er irgendwo in der Stadt, zwischen riesigen Mülltonnen. Und kann nur hoffen, dass noch jemand den Müll rausbringt und etwas Essbares für ihn danebenfällt. Dabei wünscht er sich nur eins: eine neue Bleibe, mit einem liebevollen, warmherzigen Zweibeiner. Mit *einem* Zweibeiner wohlgemerkt. Streuner hofft so sehr, dass sein Wunsch in Erfüllung geht. Schließlich ist Weihnachten. Also die ideale Zeit zum Wünschen.

Herr Lang schaut aus dem Fenster. Seit Stunden schneit es unaufhörlich. Es ist finster und unwirsch draußen. Sein Blick schweift über den Innenhof. Da nimmt er plötzlich eine Bewegung in der Nähe der Mülltonnen wahr. Oder hat er sich getäuscht? Vielleicht eine Katze?

Ihm wird schwer ums Herz. Vor ziemlich genau einem Jahr in der Weihnachtszeit ist Fritzi, sein Kater, gestorben. Er hatte schon länger gespürt, dass es Fritzi nicht gut ging. Der Kater hatte nur noch in der Ecke gelegen und nichts mehr gefressen. Herr Lang hatte alles Menschenmögliche probiert. Ihn gehegt, gepflegt, ihm ein Süppchen gekocht, leckere Häppchen serviert. Vergeblich. Es war nur noch der unvermeidliche Gang zum Tierarzt geblieben. Welch ein Schmerz, als er dann allein in seine Wohnung zurückgekehrt war, mit leerem Katzenkorb. Er war stumm vor Trauer.

Sein anhänglicher Kater hatte ihn viele Jahre begleitet. Sie waren ein eingespieltes Team. Glücklich in der kleinen Altbauwohnung im Erdgeschoss mit begrünter Terrasse. Jeder ließ den anderen sein, wie er war. Dennoch hatten sie einander fast fürsorglich im Blick.

Es wurde gespielt, geschnurrt oder liebevoll zugesprochen. Herr Lang vermisste das Kerlchen so sehr, dass er sich schwor: Es kommt keine Katze mehr ins Haus! Den Schmerz eines weiteren Verlustes wollte er sich nicht antun. Da blieb er lieber allein. Obwohl Alleinsein, spürt er manchmal, auch nicht die beste Lösung war.

Gerade um diese Jahreszeit ist er froh über jede Ablenkung. So stürzt er sich in die weihnachtlichen Vorbereitungen. Er hat die Wohnung geschmückt und alles für ein festliches Essen besorgt. Nur der Tannenbaum fehlt noch. Am liebsten möchte Herr Lang nicht mehr aus dem Haus, aber Weihnachten ohne Baum – nein, das kommt nicht in Frage. Glücklicherweise ist der Weihnachtsmarkt nur ein paar Fußminuten entfernt. Entschlossen schlüpft Herr Lang im Flur in seinen dicken Wintermantel, bindet seinen Schal um, setzt die Mütze auf und stiefelt los. Als er den Hof betritt, vernimmt er ein leises Geräusch. Fast wie ein zartes Miauen. »Oh, vielleicht doch eine Katze?«, murmelt er vor sich hin. Er verharrt einen Augenblick, blickt sich um. Nichts. Nur der Sturm rauscht in der Dunkelheit. Bestimmt hat ihm seine Erinnerung einen Streich gespielt.

Als er zum schmiedeeisernen Haustor schlendert, bemerkt er nicht, dass zwei wachsame grüne Augen jeden seiner Schritte verfolgen.

Auf dem Weihnachtsmarkt angekommen, entscheidet sich Herr Lang für eine Nordmanntanne. Nicht zu klein und nicht zu groß. Eben so, dass der Baum gut ins Wohnzimmer passt. In ein Netz gewickelt schleppt er ihn nach Hause und stellt ihn auf der Terrasse ab. Die Tür zur Wohnung lässt er angelehnt. Erst mal raus aus den nassen Klamotten! Dann den Christbaumständer und den Baumschmuck suchen.

Gespannt beobachtet Streuner aus seinem Versteck bei den Mülltonnen, was da vor sich geht. Als er bemerkt, dass die Terrassentür einen Spalt breit offensteht, sieht er seine Chance gekommen. Im Schutz der Dunkelheit huscht er über den Hof auf die Terrasse – und als die Luft rein ist, hinein in die Wohnung. Ach, es ist herrlich warm im Zimmer und riecht wunderbar! Eiligst bringt er sich unter dem Sofa in

Sicherheit. Von dort hat er alles im Blick und kann in Ruhe abwarten.

Der Mann kommt mit Kartons bepackt zurück. Er sieht freundlich aus. Gemächlich holt er den Weihnachtsbaum ins Zimmer, stellt ihn auf und schmückt ihn mit allerlei Krimskrams. Die Kugeln glitzern im Kerzenlicht. Im Hintergrund ertönt leise Weihnachtsmusik. Das gefällt Streuner. Ob er sich hinauswagen soll? Besser nicht. Zusammengekauert beäugt er die Geschehnisse weiterhin aufmerksam.

Nach unendlich vielen Weihnachtsliedern ist der letzte Strohstern am Baum befestigt. Der Mann verlässt das Zimmer. Nebenan klappert es. So schnell wird er wohl nicht zurückkommen.

Neugierig kriecht Streuner aus seinem Versteck hervor. Unter die opulent geschmückte Tanne. Die Verlockung, mit den bunten Kugeln zu spielen, ist einfach zu groß. Bei jedem Schlag mit seiner weichen Tatze baumeln sie hin und her. Welch ein Spaß! Lametta verwickelt sich in Streuners Krallen, und er dreht sich immer wilder um sich selbst.

Plötzlich stehen zwei riesige Pantoffeln vor ihm. Er erstarrt.

Der Mann bückt sich, und zwei gütige Augen schauen den Kater an: »Nanu, wer bist du denn? Ein Geschenk des Himmels?«, lächelt er freundlich. »Hab ich mich doch nicht getäuscht ... das warst du vorhin im Hof.«

Vorsichtig streckt er Streuner die Hand entgegen. »Komm doch mal her«, flüstert er, »mein Kleiner.«

Noch etwas ängstlich schnuppert Streuner, doch sein Instinkt sagt ihm, dass alles gut ist. Er schmiegt sein Köpfchen vertrauensvoll an Herrn Lang, streicht ihm um die Beine und schnurrt behaglich. Und da ist es auch schon um Herrn Lang geschehen. Der kleine getigerte, mit Lametta geschmückte Kater hat sein Herz im Sturm erobert.

Es wird ein schönes Weihnachtsfest in überraschender Zweisamkeit.

Und Streuner darf bleiben. Viele, viele weitere Weihnachten.

Ilke S. Prick
Einmal Bremerhaven, bitte!

O nein, jetzt geht das wieder los. Gemecker und Gezeter von unten, wie immer kurz vor Weihnachten. Es beginnt leise, wie das Rascheln der Mäuse hinterm Brennholzstapel. Dann werden sie lauter. Rattenlaut. Hundelaut. Laut wie zwei Wölfe. Das ist der Punkt, an dem Finchen hier oben unter der Bettdecke neben mir unruhig wird. Finn hingegen kann nichts stören. Er schläft im Bett nebenan zusammen mit Tinkerbell, tief und fest. Zwar heißt Tinkerbell wie ein Mädchen, ist aber ein Kater. Doch das war Finn egal, als er ihm im Sommer diesen blöden Namen gab.

»Du wolltest doch dies Jahr den Weihnachtsbaum ...«, ruft Sandra unten. Sören murmelt noch, aber ich wette meine letzten Leckerlis, dass auch er gleich hier oben zu verstehen ist. Ich schmiege mich an Finchen und schnurre stärker, um die beiden zu übertönen. Trotzdem wacht sie auf und weint. Als sie es unten hören, kommt Sören herauf und säuselt, um Finchen zu beruhigen. Wieso geht es nicht die ganze Adventszeit so? Das Säuseln, die Ruhe, das aufeinander Achten? »Mensch, Tiger, wie gut, dass du auf uns alle aufpasst«, flüstert Sören, als Finchen endlich schläft. Er will mir den Nacken kraulen, doch ich schüttele seine Hand ab. Soll er nett zu Sandra sein. Ich trolle mich aus dem Kinderzimmer und schaue lieber, was Schröders Minka macht.

Weihnachten, das Fest der Liebe! So flimmert es seit Ende November über den Fernsehbildschirm, wenn Finn und Tinkerbell nach dem Abendessen davorsitzen. Finchen putzt sich währenddessen die Zähne, aber auch sie bekommt es mit: die Weihnachtsmänner mit den goldenen Glöckchen und der Schokolade, Geschenkeberge unterm Tannenbaum. Alle lachen und sind fröhlich. Jedenfalls auf der Mattscheibe.

»So geht Weihnachten?«, hat mich Tinker gestern aufgeregt gefragt. »Also *richtiges* Weihnachten?« Es ist sein erstes Weihnachtsfest. Er krauste sein rosa Näschen und blickte mich erwartungsvoll an, nachdem er vermutlich eine Werbepause zu viel mitbekommen hatte.

»Die einen sagen so, die anderen sagen so«, versuchte ich mich aus der Affäre zu ziehen. Im Fernsehen räkeln sich die Katzen vor einem offenen Kaminfeuer. Da lesen Oma und Opa den Kindern Geschichten vor. Es schneit garantiert immer, alles ist ruhig und fröhlich. Keine Hektik, kein Streit.

»Aber wieso ist es denn bei uns nicht so?«, fragte Tinkerbell. Große hellblaue Augen und ein ungläubiges Maunzen.

»Du musst nicht alles glauben, was du im Fernsehen siehst.« Den Vortrag über Fake News, den mir Minka neulich gehalten hat, habe ich ihm erspart. Minka liebt Fremdwörter, und sie ist nicht nur eine hübsche, sondern auch eine kluge Katze, die sich selbst bei den Nachrichten nicht langweilt. Und die Bilder im Werbefernsehen, meinte sie, das seien Fake News auf Dauerschleife. Denen dürfe man nicht trauen. Ich glaube es ihr. Also habe ich versucht, Tinkerbell die Sache mit Weihnachten im Fernsehen so zu erklären, dass es auch ein kleiner Kater versteht: »Bei uns ist das anders, weil es bei uns keine Omas und Opas gibt. Außerdem kann Sandra nicht backen.«

»Ist bei uns nichts wie beim Weihnachtsfernsehen?«, fragte er. Geballte Enttäuschung auf vier Pfötchen.

»Bei anderen auch nicht. Glaub mir«, schnurrte ich. Denn bei Schröders soll es im Advent meist ähnlich zugehen wie bei uns. Aber wegen des leckeren Matjessalats am Heiligabend, meinte Minka, lohne es sich, die Ruhe zu bewahren.

»Na, mein Hübscher«, schnurrt sie, als ich durch das Kellerfenster nach draußen schlüpfe. Sie sitzt unter dem Kirschbaum und wartet, den Mäuseresten im Gras nach zu urteilen, vermutlich schon eine Weile. »Gab es Ärger?«

»Das Übliche«, murmele ich nur und reibe mein Köpfchen an ihres. Sie stupst mich mit ihrem Näschen und beginnt, mit ihrer rauen Zunge mein Ohr abzuschlecken. So ist das bei uns Katzen: Wir verstehen uns ohne viel Gemaunze.

»Manchmal möchte ich einfach abhauen«, sage ich, als wir später im Schuppen auf Schröders Gartenpolstern kuscheln.

»Sie würden dich vermissen«, haucht sie. »Und ich auch.« Ganz leise jetzt.

Und das ist es, was mich hier hält.

Der nächste Morgen beginnt eigentlich wie die meisten. Sören hat verschlafen. Finchen hat eine Erkältung und darf nicht in die Kita. Sandra muss darum ebenfalls zu Hause bleiben. Finn meckert, weil er auch daheim bleiben will, aber in die Schule muss. Nichts Außergewöhnliches also. Doch dann passiert ganz viel auf einmal. Finchen kippt den Kakao um. Er tropft vom Tisch, hinein in mein Trockenfutter. Finn schreit, weil er, wenn er schon in die Schule muss, ein Brötchen mit Nussnougatcreme als Pausensnack mitnehmen will, aber nicht darf. Sandra schreit, weil Sören vergessen hat, das Katzenklo zu putzen, und Tinkerbell deswegen auf den Teppich pullert. Sören schreit, wie sehr es ihn nervt, dass alle schreien. Nur ich bin ganz ruhig. Und bevor sie es bemerken, bin ich im Keller, ab durchs Fenster, quer durch den Garten und fort. Mir reicht's. Nachts bin ich Babysitter, mein Frühstück schwimmt in Kakao, und den besten Platz auf dem Sofa bekommt das neue Katzenkind. Warum also sollte ich bleiben?

Dann höre ich es. Ganz in der Nähe. Das Glockengeläut. Nein, nicht der Weihnachtsmann, sondern viel besser. Es ist Donnerstag. Ein weißer Verkaufstransporter mit großen bunten Fischen drauf fährt vorüber. Die Fische springen aus gemalten Wellen und lächeln freundlich. Daneben prangt ein Seestern in Sonnengelb, und eine Garnele scheint mir zuzuwinken. »Frischer Fisch aus Bremerhaven«, steht darunter. Dienstags und donnerstags fährt der Verkaufswagen durch den Ort und hält auf dem Dorfplatz neben dem Bäcker. Manchmal kauft Sandra etwas bei dem Mann mit der weißen Schürze und dem blauweiß gestreiften Hemd. Das sind Festtage, finde ich. Finchen und Finn bekommen ein Stück Schillerlocke, Tinkerbell und ich Fischreste, und für alle gibt es abends noch etwas Leckeres. Rührei mit Krabben zum Beispiel. Oder Schollenfilet. Mit Speck und Bohnen für die Großen, mit viel Panade für die Kinder. Kochen kann Sandra echt gut. Fischstäbchen gibt es bei uns jedenfalls nicht.

Mein Magen knurrt. Eine Handvoll Krabben wäre fein, schließlich hatte ich heute kein ordentliches Frühstück. Zwar bin ich nicht die Sorte bezaubernder Kater, der einem Menschen einfach nur um die

Beine streifen muss, um alles von ihm zu bekommen, doch ich erkenne eine Chance, wenn sie sich mir bietet. Als alle Kunden am Dorfplatz bedient sind, nimmt sich der Schürzenmann ein Fischbrötchen aus der Auslage und setzt sich mit einer Thermoskanne auf die Bank unter der dicken Eiche. Er isst genüsslich, hält sein Gesicht in die Sonne und schließt die Augen. Die hintere Tür hat er offen gelassen. Es riecht so wunderbar verlockend, dass ich gar nicht überlege. Ich springe einfach. Kabeljau, Seelachs. Ich muss mich erst mal umschauen, was es hier so alles gibt. An Fisch, an anderem Meeresgetier und – oje! – an Fluchtmöglichkeiten. Denn nun höre ich Schritte, die sich viel früher als gedacht dem Fischwagen nähern. Am Ende des schmalen Ganges entdecke ich eine Nische, in der ich mich verstecken kann. Jetzt hinauszuspringen, würde nur Ärger geben. Und wenn ich an zu Hause denke ... Nein! Ich bleibe hier. Mitten im Fischparadies. Der Schürzenmann schließt von außen die Verkaufsklappe; bevor die hintere Tür ins Schloss fällt, huscht ein Schatten herein und rutscht über den Boden. Handschuhe? Ein Lappen? Ich kann es nicht erkennen, denn dazu müsste ich mich zu weit aus meinem Versteck beugen. Aber es riecht wie ... riecht wie ... Der Motor startet, der Wagen ruckelt, es geht los!

»Menno, das ist aber wackelig hier«, höre ich jetzt ein mir sehr bekanntes Maulen, das eindeutig nicht von einem Paar Handschuhe stammt. Und von einem alten Wischlappen schon gar nicht. Der Wagen bremst und biegt ab. Im Gang poltert etwas, dem – »auuutschiiii!« – ein großes Gejammer folgt.

»Tinkerbell?«, frage ich zögernd.

»Klar! Wer sonst?« Er schliddert im Gang umher, mit jeder Kurve, die der Wagen nimmt. »Tiger, wo bist du denn?«

»Hier«, seufze ich und tapse aus der Nische heraus. Im Gang ist es wirklich sehr rutschig, wenn der Verkaufswagen fährt. »Was machst du hier, Tinker?«, frage ich streng. So hatte ich mir mein Abhauen nicht vorgestellt.

»Dich verfolgen«, antwortet er, als wäre das die natürlichste Sache der Welt.

»Mich verfolgen? Warum?« Anscheinend bin ich nicht so der Typ für das Offensichtliche.

»Na, weil du doch der Große bist, und von Großen soll man lernen, hat Minka gesagt. Aber lernen kann ich nur, wenn ich bei dir bin.«

»Hat Minka gesagt?« Ich bin verwundert. Ich habe überhaupt nicht mitbekommen, dass sie dem Kleinen Tipps gibt. Sonst habe ich doch den Überblick über alles. Dachte ich jedenfalls.

»Ja, Minka. Die ist nett. Und klug. Sie sagt, dass ich nicht nur Quatsch machen darf, sondern auch mal nachdenken muss, um so ein toller Kater zu werden wie du. Und dass ich gut auf dich aufpassen soll, damit du dich nicht in irgendein Abenteuer stürzt. Und als ich vorhin gesehen habe, dass du ziemlich doll aus dem Haus rausstürzt, bin ich dir heimlich hinterher, um zu sehen, ob du vielleicht ein Abenteuer gefunden hast.« Ich höre förmlich, wie er versucht, sich an Minkas Rat zu halten und zu überlegen. Aber dann platzt es aus ihm heraus: »Sind wir denn jetzt in einem Abenteuer, Tiger? In einem richtigen Abenteuer? Wie die beiden in Finns Buch, die Panama finden? Du und ich? Zusammen?«

Ich kann sehen, wie er glüht in Erwartung einer Antwort. Einer wirklich abenteuerlichen Antwort. Was hat sich Minka nur dabei gedacht, als sie mir dieses kleine Fellbündel auf den Hals gehetzt hat? Vermutlich kennt sie mich besser als ich mich selbst und ist klüger, als ich es jemals werden kann. Sie scheint schon länger geahnt zu haben, wie sehr mich dieses Vorweihnachtsgedöns nervt. So sehr, dass ich wirklich abhaue. Ach, meine liebe Minka. Der Fischwagen geht in die nächste Kurve und beschleunigt. Dann fährt er weiter, immer geradeaus. Keine Glocke, kein neuer Halt. Damit habe ich nicht gerechnet. Wie mit so vielem anderen auch nicht.

»Sag schon, Tiger! Ist das ein abenteuerliches Abenteuer?« Tinkerbell tapst näher. Er vibriert stärker als der Motor.

»Ja, Kleiner«, antworte ich. »Ich glaube schon. Das ist sogar ein ziemlich großes Abenteuer.« Dann blicke ich zum Kabeljau in der Auslage und frage: »Hast du eigentlich Hunger?«

»O, Tiger, mir ist sooo schlecht!«, jammert Tinkerbell nach einem ausgiebigen Frühstück und unzähligen Kilometern auf der Autobahn.

»Kein Wunder, du hast ja fast einen halben Wal gefressen«, erinnere ich ihn.

»Nö, das war Seelachs. Und ein Happen Thunfisch. Und ein paar Garnelen«, korrigiert er mich und fragt dann: »Wann sind wir endlich da?«

»Bestimmt ganz bald«, antworte ich, aber ehrlich: woher soll ich das wissen?

»Mir reicht das nämlich langsam mit dem Abenteuer«, stellt er klar. »Meinetwegen können wir jetzt wieder nach Hause. Finn hat heute früh gesagt, dass wir nachher in dem bunten Buch weiterlesen. Das wo so viele Am-höchsten- und Am-größten-Sachen drinstehen. Und wer die meisten Würstchen in fünf Minuten essen kann. Das *Genussbuch*«, sprudelt er hervor.

»*Guinnessbuch*«, murmele ich, lasse ihn aber weiterplappern über Telefonzellen mit 40 Menschen drin und einem Mann, der voll von Bienen ist. Wenn Tinker so vor sich hin maunzt, vergisst er hoffentlich, wie schlecht ihm ist. Und bekommt vielleicht auch nicht mit, dass der Wagen nicht mehr so schnell fährt und häufiger abbiegt als in den vergangenen anderthalb Stunden. Ich vermute, unsere Reise nähert sich ihrem Ende. Oder einem Zwischenstopp. Und ich will Tinkerbell nicht früher als nötig darüber aufklären, dass am Ende dieser Fahrt kein Finn auf ihn wartet, kein Nachmittag auf dem Sofa, kein Kuscheln beim Rekordbuch-Lesen, kein voller Futternapf – wobei das mit dem Fressen momentan kein Thema sein sollte –, kein Fernsehen – und vor allem keine Nacht im warmen Bett daheim.

Wenn man sich in ein Abenteuer stürzt, sollte man sich vorher ein paar Dinge überlegen. Zum Beispiel wohin es geht und wie man dort klarkommt. Hätte mich mein Abenteuer nur in Schröders Geräteschuppen geführt oder in Bauer Harms Scheune am Rand des Dorfes, wo die graue Rosa neulich ihre Kätzchen geworfen hat, wäre das ein Leichtes gewesen. Aber es heißt wohl nicht umsonst: sich in ein Abenteuer *stürzen*. Wer stürzt, hat keine Ahnung, wo er landen wird. Und er hat keinen großen Einfluss darauf, wie viele Blessuren er nach der Landung davonträgt. Jedenfalls scheint sich unser Sturz ins Abenteuer unaufhaltsam seiner Landung zu nähern. Der Transporter bremst, der Motor wird abgestellt, die Fahrertür geöffnet. Nun hört Tinkerbell endlich auf mit seinem Geplapper.

»Ab in die Nische!«, rufe ich ihm zu, damit wir

nicht sofort gefunden werden und einen günstigen Moment zum Entwischen nutzen können. Aber der Kleine reagiert nicht. »Tinkerbell, verdammt, komm her!«

»Ooooh, Tiger, jetzt ist mir wieder ganz doll schlecht«, jammert er. Und genau in dem Moment, als sich die hintere Tür öffnet und uns den Weg in die Freiheit weist, beginnt er zu würgen und übergibt sich aus dem Auto heraus, mitten auf die Gummistiefel des Schürzenmanns. Oje!

Große Hände nähern sich meinem Mündel. Finger weg!, denke ich und presche aus der Nische heraus, zu allem bereit. Natürlich nervt mich der kleine Stinker und, ja, auch er ist einer der Gründe, warum ich von zu Hause fort wollte, trotzdem kann ich es nicht zulassen, dass ihm jemand etwas antut. Ohne mich wäre er nicht hier. Klar, ich habe ihn nicht gezwungen, mir nachzuspionieren, aber schließlich war ich auch mal ein kleiner Kater und neugierig wie nur was. Außerdem hatte er den Auftrag von Minka. Also trage ich Verantwortung dafür, dass ihm nichts passiert. Schließlich sind wir so was wie Familie, er und ich. Die einzige, die uns jetzt bleibt. Ich fahre die Krallen aus und lasse mein wildestes Fauchen erklingen, nur lässt sich der Schürzenmann nicht beeindrucken. »Ruhig Blut, Kätzchen«, murmelt er, und mit Kätzchen scheint er mich zu meinen. Himmel, ich bin ein Kater! »Ich tu deinem Kumpel schon nichts«, sagt er und nimmt das immer noch würgende Fellknäuel vorsichtig in seine riesigen Hände. Ich stoppe meinen Angriff. Darf ich meinen Augen trauen? Er lächelt!

»Hey, Fiete, wo bleibst du denn? Ist irgendwas?«, höre ich eine Frauenstimme.

»Wir haben zwei blinde Passagiere, Ine«, antwortet der Schürzenmann.

Ein zweites Gesicht blickt nun durch den Spalt in der geöffneten Wagentür. Eine Lockenmähne mit leuchtenden Augen und Sommersprossen darunter. »Wie süß!«, sagt diese Ine.

»Die beiden müssen ihre Reise wohl erst mal verdauen. Zu viele Kurven – und zu viel Fisch.« Nun lacht Fiete so laut, dass der ganze Fischwagen wackelt und die Fische in der Auslage zu hüpfen beginnen, als seien sie lebendig.

Sonntagmorgen, vierter Advent. Zu Hause gibt es da immer Waffeln und Tee. Aber wo ist jetzt zu Hause? Seit vier Tagen sind wir hier. Ine und Fiete hatten bis vor einer Weile selbst Katzen, daher war alles, was wir brauchten, noch auf dem Dachboden. Ein Katzenklo, Fressnäpfe, Quietschmäuse für Tinkerbell, ein Körbchen, das wir beide uns teilen. Wenn man genau schnüffelt, riecht das Körbchen nach alter Katze, nach Medizin und nach Traurigkeit. Und diese Traurigkeit und ein Vermissen spüre ich auch in

Ines Fingern, wenn sie mich streichelt. Ine liebt Katzen.

Tinkerbell und ich sitzen auf der Fensterbank in der vorderen Stube, wie Fiete dies Zimmer nennt, und schauen hinaus. Es ist mein Lieblingsplatz. Unter uns bollert die Heizung, und Ine hat uns extra zwei kleine Kissen hingelegt, damit wir es gemütlich haben. Von hier aus können wir zwischen den Häusern hindurch auf das Meer schauen. So was habe ich noch nie gesehen. So viel Wasser und so hohe Wellen, mit ganz vielen Schiffen. Manche so groß, dass ihr Vorderteil in der einen Häuserlücke zu sehen ist, während das Hinterteil erst zwei Lücken weiter erscheint. Ine meint zwar, das hier sei die Wesermündung, und dahinter käme noch das Wattenmeer, bevor das ganze Wasser dann Nordsee heiße und ein Meer wäre, aber für mich ist es jetzt schon genug Wasser, um ein Meer zu sein – und ein großes Abenteuer. Leider dürfen wir nicht raus, um selbst mal zu gucken. Bei Ine und Fiete sind wir nämlich Stubenkater. Aber zumindest kann ich das Meer riechen, wenn das Fenster offen ist. Es riecht nach Fisch, Jod und Salz. Und Fisch hatten wir inzwischen mehr als genug im Fressnapf. Tinkerbell meinte heute besorgt, ich solle mal nachschauen, ob er bereits Flossen bekommen habe.

»Na, meine beiden Süßen. Spielt ihr wieder Kapitänskatzen?«, fragt Ine, als sie verschlafen in die Stu-

be kommt und die vierte Kerze auf dem Adventskranz anzündet. Dann gesellt sie sich zu uns ans
Fenster. Gestern hat sie uns erklärt, dass es hier an
der See viele Häuser gebe, in denen Kapitänshunde
in den Fenstern stehen. Porzellanfiguren, die die
Seemänner ihren Ehefrauen von den Reisen mitgebracht haben. Wenn die Hunde nach draußen aufs
Meer schauten, wussten alle, dass der Seemann wieder unterwegs war. Blickten sie nach drinnen, war
er zu Hause. »Wobei dies die stubenreine Version für
zwei stubenreine Kater ist«, donnerte Fietes tiefe
Stimme, und sein Lachen ließ den Adventskranz be-
ben. »Jedenfalls ist dies Haus hier wohl das einzige
in Bremerhaven mit Kapitäns*katzen* im Fenster«, sagte Ine stolz und lächelte.

Am Abend liegen wir alle zusammen auf dem riesigen Sofa und sehen fern. Erst *Hallo Niedersachsen*,
dann Nachrichten aus der ganzen Welt. Bald bin
ich bestimmt so klug wie Minka. Tinkerbell vermisst
die Werbung und pennt noch vor dem Wetterbe-
richt ein. Als wir uns später zum Schlafen im Körbchen aneinanderkuscheln, beginnen Ine und Fiete
im Stockwerk über uns zu streiten. Sie streiten nicht
darüber, wer den Tannenbaum kauft und wer die
Geschenke besorgt, wie es Sandra und Sören im Advent tun. Dafür reden sie genauso laut wie die beiden über Jemandem-Gehören und Starrköpfigkeit,

über Dinge, die einfach nicht okay sind, über Hals-
bänder und Telefonketten und über WhatsApp. Ich
versuche zu verstehen, worum es geht, als Tinkerbell
leise zu jammern beginnt. Den ganzen Tag hat er
sich gelangweilt. Selbst wenn hinter der nächsten
Straßenecke das Meer rauscht – was nutzt das, wenn
wir nicht hinkönnen? Er meint, dass ein Abenteuer
vielleicht am Anfang sehr aufregend sein kann, aber
wenn man erst mal eine Weile mittendrin sei, wäre
alles doch so wie zu Hause, bloß ohne Garten und
Toben. Nur *ist* man eben nicht zu Hause. Er vermisst
Finn. Und das *Genussbuch*. Und sogar das Meckern
von Sandra und Sören, zu dem er so gut einschlafen
kann. Auch den umgekippten Kakao vermisst er, denn
im Gegensatz zu mir mag er den sehr gern über seinem Trockenfutter. Jedenfalls lieber als jeden Tag
Fisch. Und Minka, die vermisse er ebenfalls, jault er.
O ja, Minka. Allein bei ihrem Namen schlägt mein
Herz schneller, und ich muss mir einen lauten Kat-
zenjammer verkneifen, weil mich die Sehnsucht so
traurig macht. Und das schon die ganze Zeit. Aber
das werde ich vor dem Knirps hier sicher nicht zugeben. Für ihn muss ich der große kluge Kater sein.
Er plappert immer weiter, dass er sich das mit dem
Abenteuer ganz anders vorgestellt habe. Weil ein
Abenteuer mit Vermissen blöd sei. Und jetzt habe
er langsam genug davon. Er fragt mich, ob unser
Abenteuer nicht bald mal zu Ende sein könnte wie

bei den beiden, die Panama suchen. Die kämen am Schluss doch auch wieder nach Hause. Und ob das nicht ein schönes Weihnachtsgeschenk wäre, wenn wir bis zum Heiligabend unser eigenes Panama fänden. Er seufzt, und bevor ich antworten kann, schläft er ein. Ich bin froh darüber, denn ehrlich gesagt weiß ich keine Lösung. Schließlich kann ich Ine und Fiete nicht aufschreiben, wie wir heißen, wo wir eigentlich wohnen und wo wir auf jeden Fall wieder hinwollen. Im Grunde hat der Kleine recht: Ein Abenteuer macht erst so richtig Spaß, wenn man wieder nach Hause kommen kann und in der Zwischenzeit ganz doll vermisst wird. Und nicht, wenn man selbst derjenige ist, dem so viel fehlt.

Am Montag hat Fiete frei. Tinkerbell hatte gehofft, dass es ein Quietschmaus-Vormittag mit Spaß wird oder dass wir mit Fiete vielleicht doch mal ans Meer können, aber nichts ist. Fiete hängt den ganzen Tag am Computer oder an seinem Handy, und als Ine abends aus dem Fischladen nach Hause kommt, nimmt er sie in den Arm und flüstert: »Morgen machen wir alle zusammen einen Ausflug. Das ist mein vorgezogenes Weihnachtsgeschenk. Rhea übernimmt den Laden. Es ist alles geregelt.«

»Einen Ausflug?«, fragt Ine. »Wohin?« Fiete gibt ihr einen Kuss, aber keinen Hinweis, noch nicht mal den klitzekleinsten.

»Einen Ausflug?«, maunzt Tinkerbell. »Wir alle?« Fiete krault sein Köpfchen, schweigt aber ansonsten wie ein Grab.

Ich frage gar nichts, denn wenn wir alle zusammen fahren, könnte die Antwort auch Tierheim lauten. Und wenn es so ist, möchte ich es vorher gar nicht wissen.

Am nächsten Morgen bin ich früh wach. Ich schaue aufs Meer und versuche, mir alles einzuprägen. Ich habe die halbe Nacht nachgedacht und Fluchtmöglichkeiten überlegt, für uns zusammen. Aber eins ist klar: Tinkerbell ist zu tollpatschig, als dass wir unbemerkt abhauen könnten. Und allein lassen würde ich ihn nie. Er vertraut mir. Also ergebe ich mich dem Schicksal und lasse mich von Fiete in die Transportbox setzen. Wie wohl so ein Weihnachtfest im Tierheim ist? Zu Hause habe ich von Sandra immer ein kleines Geschenk bekommen. Das wird es im Tierheim bestimmt nicht geben. Ine meckert zwar, dass sie nicht verstehe, warum die Dienstagstour mit dem Fischwagen ein toller Ausflug sein soll, aber sie fügt sich.

Diesmal dürfen wir vorn mitreisen. »Damit wir mehr sehen«, meint Tinkerbell, für den mit dem Starten des Motors das nächste Abenteuer beginnt.

Damit wir dem Fisch nicht zu nahe kommen, mutmaße ich. Wobei ich Krabben, ehrlich gesagt, schon nicht mehr riechen kann. Das gleichmäßige Brummen des Motors hat etwas Tröstendes, und nach ein paar Kilometern schlafe ich ein.

Irgendwann weckt mich Fietes Fisch-Glocke. Der Wagen stoppt an einem Dorfplatz, ähnlich wie bei uns zu Hause. Ine und Fiete steigen aus und öffnen die Verkaufsklappe. »Karpfen« und »Matjes« höre ich immer wieder und denke an Minka. *Man muss den Stress vor Weihnachten nur durchhalten, für den leckeren Matjessalat am Heiligabend lohnt sich alles.* Hätte ich mal auf sie gehört! Die beiden steigen wieder ein. Ine mit Kaffee und Fiete mit Käse für Tinker und mich. Henkersmahlzeit, denke ich. Aber wieso sie so einen langen Umweg fahren, kapiere ich nicht. Ob es in Bremerhaven kein Tierheim gibt?

Gegen Mittag merke ich, dass Fiete nervös wird. »Der letzte Stopp«, sagt er geheimnisvoll, als er die Glocke läutet. Ine antwortet nicht, sondern streckt nur die Hand zu uns in die Box und krault unsere Nacken. »Das Navi meint, zum Nusskamp geht's die Straße runter und dann zweimal rechts«, sagt Fiete, als er wieder einsteigt. Nusskamp heißt das Tierheim also. Das Schicksal hat manchmal wirklich Humor. Am Nusskamp haben wir gewohnt, damals vor unserem Abenteuer, also bis vergangenen Donnerstag. Geradeaus, rechts, rechts. Doch warum lässt Fiete die Glocke läuten, als er vor dem Heim ankommt? Ich mag gar nicht hinschauen.

»Panama!«, maunzt Tinkerbell. »Schau doch, Tiger, wir sind zurück in Panama!«

Und jetzt kapiere auch ich es: Es ist kein Tierheim. Es ist unser Nusskamp und unser Zuhause. Unsere Familie. Wir sind zurück! Das muss wirklich ein Weihnachtswunder sein.

»Ein *kleines* Wunder war es auf jeden Fall«, sagt Minka, als wir zwei abends auf den Polstern von Schröders Gartenliegen kuscheln. »Aber vor allem war es Tinkerbells Halsband. Das hat Fiete auf die Idee gebracht, dass ihr vermisst werden könntet. Darum hat er bei allen Kunden seiner Dienstags- und Donnerstagstour, die Silvesterkarpfen bestellt hatten, angerufen und gefragt, ob jemand zwei Kater vermisst. Oder ob jemand jemanden kennt, der jemanden kennt. Und da Sandra, Sören und die Kinder hier im Dorf an jeder zweiten Straßenlaterne ein Foto von euch aufgehängt hatten, war es nicht schwierig. Was meinst du, wie glücklich sie waren, als sie gehört haben, dass ihr beiden in Bremerhaven auf der Fensterbank sitzt. Denn vermisst, mein Lieber, habe nicht nur ich dich.«

Ich schlecke ihr Öhrchen und schnurre glücklich.

»Sandra hat Fiete den Tipp gegeben, dass Bauer Harms gerade einen Wurf mit kleinen Kätzchen hat, die er unbedingt loswerden will. Und so hat auch Ine ihr kleines Weihnachtswunder bekommen.«

Natürlich weiß ich das alles selber. Aber es tut gut, die ganze Geschichte noch einmal von Minka zu hören. Rückblickend klingt es so einfach. Von hinten nach vorn kann man vieles erklären, doch man verkopft dabei den Zauber, und flupp ist er nicht mehr da. Manchmal ist es schöner, an ein Wunder zu glauben. Besonders an Weihnachten.

Tinkerbell und ich sind wieder zu Hause. Minka liegt neben mir. Unser abenteuerliches Abenteuer ist gut ausgegangen. Und darum ist egal, ob die Feiertage so werden wie im Fernsehen, ob es schneit oder der Weihnachtsmann viele Geschenke bringt, oder ob Sören und Sandra ab und an streiten und mein Trockenfutter nach Kakao schmeckt. Es wird auf jeden Fall das schönste Weihnachtsfest, das wir jemals hatten. Nur eines wünsche ich mir: Bitte keinen Fisch an Heiligabend!

Franziska Wolffheim
Der Abend, an dem Jesus seekrank wurde

Überall in den Bäumen hingen kleine leuchtende Se-
gelschiffe, sie tanzten in der Luft gegen den dunklen
Winterhimmel. Auch die Backsteinkirche am Markt
war geschmückt; über dem Eingang hing ein heller
Stern, der schon von weitem zu sehen war. Wenn es
dämmerig wurde, kam Herr Fock fast jeden Tag in
die Blankeneser Marktkirche. Vor zwei Jahren war
seine Frau gestorben, er blieb nicht gern allein zu
Hause. In der Kirche schaute er sich immer die beiden Schiffsmodelle an, die über seinem Kopf an der
Wand hingen und den Besucher daran erinnerten,
dass die Elbe nicht weit war.

Nach dem Tod seiner Frau war Herr Fock dürr geworden. Früher hieß es, kein Wind könne ihn um-
pusten, jetzt war das nicht mehr so sicher, sein Gang
war leicht tapsig. Auf dem Kopf trug er eine rote Pu-
delmütze, die er auch in der Kirche nicht absetzte,
seine ehemals dicken schwarzen Haare waren jetzt
dünn und grau. Seit einiger Zeit war Herr Fock ein
bisschen seltsam geworden, gelegentlich vergaß er,
nach Hause zu gehen, und dann bat ihn eine Dame

vom Kirchenbüro freundlich, die Kirche zu verlassen, weil sie absperren wollte. Manchmal wurde er auch übersehen, wenn er sich oben, nicht weit von der Orgel, in eine Ecke verzogen hatte. Dann blieb er die ganze Nacht. Mitunter dachte er, er sei im Bauch eines Walfisches, so wie Jonas aus der Bibel, der in einem Walfisch gelandet war, nachdem er sich geweigert hatte, einem Befehl Gottes zu folgen, und zur Strafe ins Meer geworfen worden war. Für Herrn Fock war es jedoch keine Strafe, wenn er im Kirchenbauch bleiben musste – im Gegenteil. Viele Jahre war er als Offizier über die Weltmeere gefahren. Wenn er in der Kirche saß, dachte er an Gouadeloupe, vielleicht war es auch Sansibar, er wusste es nicht mehr genau. Oder er dachte an das Kreuz des Südens, er hatte sich nicht satt sehen können an den vier unglaublich hellen Punkten am Himmel. Viel schöner als das strenge Kruzifix hier in der Kirche, fand er. Wie hieß noch der hellste von den vier Sternen, Alpha, Acrux oder Crux?

Seit einiger Zeit hatte Herr Fock in der Kirche regelmäßig Besuch. Es war Timo, ein schwarzer Kater mit ein paar hellen Flecken um die Augen, der gern seine eigenen Wege ging. Herr Fock kannte ihn schon länger, nur dass Timo in die Kirche kam, war neu. Der Kater gehörte Antonio, dem Besitzer des italienischen Restaurants, das direkt an der Bahnhofstraße lag. Ab und zu trank Herr Fock am späten Vormittag einen Cappuccino bei ihm. Antonio hatte immer viel zu tun und vergaß darüber, Timo zu kraulen. Manchmal, wenn er eine Zigarette rauchte, erzählte er von Sizilien, wo er geboren war, dem *mare mera-viglioso*, dem großartigen Meer unter dem satten Himmelsblau. Antonio trank gern, und wenn er am späten Morgen aufwachte, hatte er einen Kater, wie er sagte. Herr Fock dachte dann, dass Timo sympathischer war als der andere Kater, der Antonio den Kopf vernebelte. Immerhin bekam Timo gut zu fressen bei Antonio, mal gab es *Arancine*, frittierte Reisbällchen, mal gebratenen Schwertfisch und zum Nachtisch süße *Cannoli*, mit Ricotta gefüllte Teigrollen. Das Streicheln übernahm dann Herr Fock, wenn er am Tresen über seinem Cappuccino saß, und Antonio im Lokal hin und her lief. Er fühlte sich wohl in Timos Nähe. Keiner, der ihn argwöhnisch ansah, wenn er nicht mehr wusste, ob er schon Zucker in seinen Kaffee gestreut hatte oder warum alle Leute vor Heiligabend so hektisch durch die Gegend liefen. Timo wiederum war froh, dass Herr Fock niemals sagte, er habe zum Kraulen keine Zeit, der alte Mann hatte eine Menge Zeit.

Herr Fock liebte die Orgel in der Marktkirche. Wenn er wieder einmal in der Kirche eingesperrt war, setzte er sich an das Instrument. Er konnte zwar nicht richtig spielen, nur Akkordeon, aber es machte ihm Spaß, seine Finger über die Tasten gleiten zu lassen. Timo legte sich dann auf seine Füße und hörte zu, Herr Fock mochte das, Timo war wie eine lebende Wärmflasche. Manchmal ließ er allerdings seine Hände mit voller Wucht auf die Tasten fallen, das war wie ein Sturm, der plötzlich losbrach. Dann verschwand Timo im hintersten Winkel der Kirche, er hasste es, so zugedröhnt zu werden, Herr Fock vergaß das leider immer wieder. Der alte Mann musste lange suchen, bis er Timo gefunden hatte. Es konnte passieren, dass Timo ihn dann einmal kräftig am Unterarm kratzte, Kralle gegen Krach!

An einem nebligen Tag im Dezember drängten sich auf dem Kirchenvorplatz die Leute. Die Glocken läuteten länger als sonst, und bald strömten alle in die Kirche. Herr Fock folgte ihnen, Timo trottete hinterher. Die Menschen trugen elegante dunkle Mäntel, die Schuhe glänzten frisch poliert, goldene Armreifen klimperten. Im Inneren der Kirche baumelte ein großer Stern von der Decke, die Kerzen des Tannenbaums im Altarraum waren entzündet. Herr Fock wunderte sich, dass so viele Leute die Kirche belagerten, eigentlich war es doch ein bisschen seine Kirche, fand er. Er setzte sich ganz hinten in eine Bank, Timo sprang auf seinen Schoß, er hatte ebenfalls keine Lust auf das Gewühl. Herr Fock hoffte, dass die

Menschen bald abziehen würden, aber es sah nicht danach aus. Sie sangen mit weit geöffneten Mündern und roten Wangen, standen auf, brabbelten etwas vor sich hin und setzten sich wieder. Dann stieg ein Mann mit schwarzem Umhang auf ein Podest und hörte gar nicht mehr auf zu reden. Ungeduldig rutschte Herr Fock auf seiner harten Bank hin und her, und schließlich beschloss er zu gehen. Er stand auf, ging schnell in Richtung Ausgang, Timo heftete sich an seine Fersen. Ein paar Leute schauten ihnen missbilligend hinterher.

Als sie auf dem leeren Kirchenvorplatz standen, atmete Herr Fock tief durch, sein Atem blies kleine Wolken in die Luft. Ihm war kalt, und er trat von einem Bein auf das andere, Timo musste zusehen, dass er nicht aus Versehen einen Tritt abbekam. Vorsorglich mauzte er laut, und als Herr Fock nach unten schaute, fiel sein Blick auf kleine Leuchtbilder am Boden. Es waren Boote, die genauso aussahen wie die Schiffe, die in den Bäumen hingen. Die Boote am Boden bildeten einen Lichterpfad, Herr Fock und Timo mussten ihm nur folgen. Sie durchquerten die Bahnhofstraße, bogen rechts ab, wo sie zum Treppenviertel kamen. Auch auf den Stufen der unzähligen Treppen, die zur Elbe führten, waren Leuchtbilder am Boden. Sie kamen vorbei an winterlichen Gärten, sahen durch die Fenster Tannenbäume und

Menschen, die Pakete in den Händen hielten. Schließ-
lich gelangten sie nach unten, die Elbe lag ruhig im
Nebel da. Noch ein paar Schritte, und sie waren am
Schiffsanleger. Kaum jemand war um diese Zeit un-
terwegs, sie hatten den Anleger für sich allein, das
Wasser unter ihnen gluckerte leise.

Als sie länger standen, sahen sie, wie aus dem Nebel
Schiffe auftauchten, hell erleuchtet, manche hatten
auf dem Deck einen Tannenbaum stehen. Ab und
zu glitt ein Containerschiff vorbei, am Heck konnte
man den Heimathafen lesen. Herr Fock versuchte,
die Namen zu entziffern und sich zu erinnern: Port
Louis, Stone Town, Pointe-à-Pitre ... Ein kühler Wind
blies ihm von der Elbe ins Gesicht, und er zog seine
Mütze tiefer in die Stirn; Timo versuchte, in eines
seiner Hosenbeine zu kriechen. In diesem Moment
näherte sich eine Barkasse dem Anleger, Herr Fock
winkte, und das Schiff hielt tatsächlich auf sie zu.
Schließlich machte es am Anleger fest, und der Kapitän rief ihnen zu, ob sie am Heiligabend nichts Besseres zu tun hätten, als am Anleger zu frieren. Dann
gab er ihnen ein Zeichen, an Bord zu kommen.

Im Innern der Barkasse war es warm, die Wände waren mit Holz ausgeschlagen. In einer Ecke stand ein
etwas schiefer Tannenbaum, der leicht hin und her
schwankte, als das Schiff sich in Bewegung setzte.

Eine kleine Krippe gab es auch, und Timo steckte neugierig seinen Kopf hinein. Vielleicht hatte er gehofft, dort ein Katzenbaby zu finden, aber es war bloß Jesus. Durch das Schwanken rollte das Jesuskind von einer Seite auf die andere, irgendwann würde es seekrank werden. Auf einem großen Tisch standen Teller mit Matjes, Lachs und Kartoffelsalat. »Bedient euch«, sagte der Kapitän und nickte ihnen freundlich zu, viele Worte machte er nicht. Er war hochgewachsen, trug einen akkurat gestutzten Bart und war deutlich älter als sein Kollege, der jetzt am Steuerrad stand. »Tee?« Der Kapitän reichte Herrn Fock eine Tasse und goss ein bisschen Rum dazu, Timo bekam heißen Kakao. Der Motor des Bootes brummte leise, und Herr Fock wurde schläfrig. War er auf der Barkasse schon mal mitgefahren, vor Jahren, und wohin?

Plötzlich hörten sie ein lautes Tuten, ein Containerschiff glitt an ihnen vorbei, voll beladen, es sah aus wie ein riesiges Haus. Die Barkasse tutete zurück, und bald verschwand der Koloss im Nebel. Wohin er wohl fuhr? Timo rollte sich am Boden zusammen, vielleicht dachte er an Sizilien, die Heimat von Antonio, an das *mare meraviglioso*, das tiefblaue Meer und die Fische, die darin herumschwammen. Herr Fock dachte an Südamerika, er stellte sich vor, dass das Containerschiff nach Buenos Aires fuhr oder nach

Santos oder Colón. War er schon einmal dort gewe-sen? Die Namen klangen fern und vertraut, ein sehn-süchtiger Sound, der sanft in seinem Kopf nachhallte.

Roberta Gregorio
Das Wunder von Sant'Agata

»Miez, Miez, Miez!«, rief Gianna wiederholt durch das offene Fenster. Sie blickte die enge Gasse, in der sie schon seit ihrer Kindheit lebte, auf und ab. Von Neve, ihrer schneeweißen Katze, war seit dem Vorabend keine Spur. Das bildhübsche Tier mit himmelblauen Augen verbrachte den Großteil des Tages draußen, kam aber immer, wenn Gianna es rief. Heute aber ließ Neve auf sich warten. Und Gianna begann, sich Sorgen zu machen. »Miez!«

Gegenüber erschien Maria in der Tür. Eine wahre Pracht mit ihrer bunten Mütze mit Bommel und der Ganzkörperschürze, die sie über ihrer schwarzen Alltagskleidung trug. Maria war in Trauer – seit etwa dreißig Jahren. »Hast du mich gerufen?«, erkundigte sich die Nachbarin und stemmte ihre großen Hände in die breite Hüfte. Sie richtete sich die Mütze, die ihr über die Augen gerutscht war.

»Heißt du Miez?«

»Was?«

Gianna rollte mit den Augen. Maria hörte nicht mehr gut – behauptete sie zumindest. Gianna könnte schwören, dass sie nur so tat, aber beweisen konnte sie das natürlich nicht. Eines wusste sie aber ganz sicher: Maria war anstrengend, oh Madonna Santa, und wie! Aber sie war auch Giannas einzige Nachbarin. Und eigentlich war sie ihr die einzige Stütze und beste Freundin. Sie hatten viel miteinander erlebt, damals als Mädchen, Jahre später, als sie junge Mütter waren, als ihre Kinder Sant'Agata verlassen hatten und mehr noch, als ihre Männer verstorben waren. In jeder Lebensphase waren sie füreinander da gewesen. Sie waren es noch. Vielleicht jetzt sogar mehr denn je. Maria ging Gianna trotzdem oft gehörig auf die Nerven.

»Neve ist weg!«, erklärte Gianna knapp und laut genug, dass Maria es auch verstand.

»Wo ist sie denn hin?«

Gianna bat die Madonna still um Geduld. Ganz viel davon. »Das weiß ich ja eben nicht.«

Maria rieb sich die Stirn, stand offensichtlich vor einem Dilemma. »Komm erst mal rüber, ich habe *Struffoli* gemacht.«

Ja, das hatte Gianna gerochen. Schon früh am Morgen hatte der Duft nach warmem Honig – Maria holte sich immer den naturbelassenen von Peppino durch die ganze Gasse geweht. Sie bereitete die frittierten, süßen Teigbällchen, die dann in den warmen Honig getaucht wurden, damit sie zusammenklebten, traditionell um die Weihnachtszeit zu. Sie dekorierte die feine Süßspeise stets mit kandierten Früchten und bunten Zuckerstreuseln. Gianna musste neidlos zugeben, dass Marias *Struffoli* die besten waren, die sie jemals gegessen hatte. Also schloss sie das Fenster und ging zu ihrer Nachbarin. In der Gasse rief sie noch ein paarmal nach Neve. Die Katze ließ sich jedoch nicht blicken.

Bei Maria drüben war es weihnachtlich geschmückt. Sie hatte die schönste Krippe, die Gianna kannte, komplett aus Holz und mit viel Moos, dem Dorfleben nachempfunden, also mit winzigen Szenen aus dem Alltag, Hausfassaden und Fenstern, aus denen Licht schien. Beim *Panificio* kaufte jemand Brot, beim *Macellaio* Salsiccia-Würste. Und mittendrin Giuseppe, Maria und *il Bambinello*, die heilige Familie. Gianna kannte die Krippe seit einer gefühlten Ewigkeit, aber sie blieb noch immer entzückt mit dem Blick daran hängen, wenn sie Maria besuchte. Gianna liebte auch den antiken Baumschmuck aus Holz, den Maria von ihren Eltern geerbt hatte.

»Setz dich!«, forderte Maria Gianna auf. Die beiden brauchten keine Höflichkeitsfloskeln. Gianna saß sehr oft auf der alten Holzbank vor dem Kamin bei ihrer Nachbarin. Wenn man allein lebte, dann teilte man die Einsamkeit am liebsten mit jemandem, dem es genauso ging. Und sowohl Gianna als auch Maria waren nun mal verlassen, die Kinder längst irgendwo im Land verstreut. In den Großstädten, wo es Arbeit gab und wo der Stress sie umbrachte. Jeden Tag ein Stückchen mehr.

Maria machte *Caffè*, der Fernseher lief. Entweder sah man in Sant'Agata die öffentlich-rechtlichen Kanäle, alternativ einen der zwei Lokalsender S 7TV oder Guarda3. Mehr Empfang war im Ort nicht. Gianna sah nicht genau hin. Sie blickte viel lieber ins Feuer. Sie machte sich so große Sorgen um Neve. Mit ihr war alles erträglicher. Die Nächte nicht so lang.

»Hier!« Maria stellte ein Tablett auf einem kleinen Beistelltisch ab, der in den Achtzigern modern gewesen sein musste. Der Kaffee roch tröstlich, die *Struffoli* sahen wundervoll aus. Ein bisschen wie Bonbons, die aus einer Tasche fielen.

»Danke.«

Maria wiegelte ab. »Irgendwer muss die Dinger ja essen ...« Sie holte noch Servietten, die guten aus Stoff, die wollten schließlich auch benutzt werden, und setzte sich dann mit einem lauten Ächzen neben Gianna, die bereits am *Struffolo* knabberte. Der Honig klebte an den Zähnen. Aber das war egal, hier bei Maria hörte sie ja niemand beim Schmatzen. Nicht mal Maria selbst ...

»Neve ist weg«, wiederholte Gianna, als sie endlich schlucken konnte.

»Die kommt sicher wieder ...«, versuchte Maria, sie zu beruhigen.

»Sie war noch nie weg.«

»Doch. Das eine Mal, als sie so lange bei Ughetto an der Bar saß.«

Gianna nickte wenig überzeugt. Da war Neve eben bei Ughetto gewesen und nicht weg.

Neve hatte nämlich so eine Eigenart. Sie setzte sich manchmal an die Türen der Bewohner von Sant'Agata und brachte auf diese Weise frohe Nachrichten – darüber wussten alle im Ort Bescheid. Ughetto wurde an dem Tag, den Neve bei ihm an der Tür verbracht hatte, endlich die Kaffeemaschine geliefert, auf die er so lange gewartet hatte. Und Maria selbst hatte erfahren, wieder *Nonna* zu werden, als Neve bei ihr auf dem Fensterbrett gesessen hatte. Fast jeder in Sant'Agata hatte durch Neve schon einmal eine frohe Botschaft erhalten. Und für Gianna selbst war die Katze nicht nur Glücksbringerin, sondern die beste Gesellschaft, die man sich vorstellen konnte.

»Damals kam sie abends aber wieder«, gab Gianna zu bedenken. »Was, wenn sie nicht wiederkommt?«

»Sie *muss* wiederkommen!«

Darin waren sich beide einig.

Doch Neve kam nicht wieder.

Gianna fragte alle im Ort, und als sich herumsprach, dass die Katze verschwunden war, kam Unruhe auf. Selbst beim *Panificio*, in dem es schon seit Wochen nur noch um die Frage zu gehen schien, ob Teresio den Panettone nun nach Tradition mit oder doch lieber ohne kandierte Früchte zubereiten sollte, unterhielt man sich nun darüber, wo die Katze nur sein könnte.

Gianna trat ein. Sie kaufte bei Teresio stets *Roccocò* und *Mostaccioli*, wenn Weihnachten nahte. Es war ihr zu aufwendig, die Lebkuchen daheim zu backen, und der Bäcker machte sowieso die besten.

»Nichts Neues, Gianna?«, fragten Teresio und die anwesende Kundschaft gleichzeitig.

Gianna konnte nur resigniert den Kopf schütteln. Sie war untröstlich. Ohne Neve war es wirklich einsam. »Ich habe Zettel im Ort verteilt«, erklärte sie, um allen zu zeigen, dass sie noch nicht aufgegeben hatte.

»Nun ... im Ort allein, das reicht nicht. Hier wissen wir ja eh alle Bescheid ...«, fand Teresio.

»Du hast schon recht. Aber so viele Zettel, wie es bräuchte, kann ich gar nicht schreiben und schon gar nicht verteilen.«

»Sicher kann Don Natalino dir behilflich sein. Er hat in der Sakristei einen Drucker, und verteilen kann er sie in den drei weiteren Gemeinden, in denen er Pfarrer ist«, warf eine Kundin der Bäckerei ein.

Gianna fand, dass das eine gute Idee war, und begab sich sofort zur Kirche, die sich direkt neben der großen Piazza von Sant'Agata befand. Zuerst sah sie den korpulenten Pfarrer nicht, dann aber hörte sie es aus der Krippe rumoren, die sich links vom Altar befand und die beinahe lebensgroß war. Die Kirche war in der Weihnachtszeit wirklich schön. Gläubige hatten einen riesigen Adventskranz gespendet, der auf dem Altar lag, mit Kerzen, so groß, dass sie wie kleine Baumstämme aussahen. Ganz hinten standen unzählige große Weihnachtssterne mit dicken roten Blättern. Und es war heimelig, wie in einer Stube und nicht wie in einer kalten Kirche. Das war es, was Gianna so sehr an Don Natalino mochte, er sorgte dafür, dass man sich willkommen fühlte.

»Don Natalino?« Gianna machte sich bemerkbar.

Der Pfarrer stieß sich den Kopf an und fluchte – ja, das tat er ganz schamlos, und auch das ließ ihn eher sympathisch erscheinen, weil er eben spontan und menschlich war, in jeder Lebenslage und Situation.

»Ja?« Er rieb sich den Kopf, oder besser die Glatze. »Ich bin's, Gianna ...«

Er raffte sich umständlich auf, und sie bereute es fast ein bisschen, ihn in einem ungünstigen Moment erwischt zu haben. Aber nun war sie schon einmal da ...

»*Buongiorno!* Kann ich irgendetwas für dich tun? Die Beichte nehme ich morgen Nachmittag ab.«

Gianna wiegelte ab. »Nein, nein. Es geht um Neve. Sie ist verschwunden.«

Auch Don Natalino kannte die Katze. Bei ihm holte sie sich immer eine Portion Thunfisch.

»Komm mit nach hinten, dort kannst du mir in Ruhe erzählen, was passiert ist.« Er ging ihr voraus. Seine schwarzen Turnschuhe quietschten auf dem hellen Marmorboden. Don Natalino war stets sportlich gekleidet, wenn er Arbeiten in der Kirche verrichtete. Heute trug er den gewohnten schwarzen Jogginganzug, der seinen großen Bauch perfekt bedeckte.

Er ließ Gianna in die Sakristei und schloss die Tür hinter sich, dann setzte er sich an seinen großen Schreibtisch, auf dem es von religiösen Symbolen nur so wimmelte. Ganz besonders mochte Gianna das Standkreuz aus einfachem Holz, aber mit einer so berührend schönen Jesusfigur mit schmerzverzerrtem Gesicht, dass sie immer versucht war, sie zu streicheln, damit der Schmerz besser wurde. Don Nicolino nahm den Gläubigen hier ganz unkompliziert die Beichte ab, deshalb kannte Gianna den Raum sehr gut.

»Also, Gianna, dann erzähl mal!« Er sah sie aufmerksam an, mit verschränkten Händen, die auf seinem Bauch lagen.

Und Gianna erzählte das, was noch immer Fakt war: Neve war verschwunden, inzwischen schon seit vier Tagen.

Er stand auf, nahm einen *Panettone* von Teresio aus einer Anrichte, schnitt ihn auf, sodass der Duft appetitanregend in Giannas Nase stieg. Sie wusste,

dass der Bäcker Süßspeisen mit kleinen Schönheits-
fehlern stets der Kirche spendete. Und Don Natalino
teilte immer gern. Er bot ihr eine dicke Scheibe an,
die sie nur zu gerne nahm. Mit kandierten Früchten
natürlich, so wie sich das gehörte. Der Pfarrer nahm
sich ebenfalls eine Scheibe. Sie aßen eine Weile lang
still. Don Natalino dachte wahrscheinlich nach. So
sah er jedenfalls aus.

»Bestimmt ist sie am letzten Freitag in einen Markt-
wagen gesprungen«, überlegte er laut.

Freitags fand in Sant'Agata auf dem großen Markt-
platz immer ein Wochenmarkt mit Kleidung und
Speisen statt. Es kamen ambulante Verkäufer aus der
gesamten Region. Wenn Neve wirklich in einen der
Wagen gesprungen war, dann würde Gianna sie vermutlich nie wiedersehen. Ganz unmöglich würde ihr
Kätzchen allein wieder nach Hause finden ... Was für
eine Tragödie! Gianna war zum Weinen zumute. Sie
kaute auf dem vorzüglichen Panettone und fühlte
sich zumindest aufgehoben.

»Das ist gut möglich, Don Natalino. Da bleibt mir
wohl nichts anderes übrig, als auf den nächsten Freitag zu warten und die Marktverkäufer zu befragen.«

Auch Don Natalino kaute und schluckte. Aber er
war sehr viel schneller als Gianna. Er war schon bei
der zweiten Scheibe. »Ich lass mir etwas einfallen. Keine Sorge. Wir finden Neve schon wieder. *Abbi fede in
Dio*, vertrau Gott!«

Ja. Gianna beschloss, dass sie genau das machen würde.

* * *

Alice nahm den Hörer ab. Ein interner Anruf vom Boss Costantino. Sie räusperte sich. »*Sì?*«, meldete sie sich mit sicherer Stimme. Sie arbeitete schon so lange bei Guarda3, dass sie sehr genau wusste, wie sie ihre Stimme einzusetzen hatte. Sie war das Gesicht und das Wort dieses Senders, schon seit kurz nach ihrem Abitur, und das lag immerhin schon gut zehn Jahre zurück.

»Alice, tu mir den Gefallen und fahr morgen nach Sant'Agata. Dort ist wohl eine Katze verschwunden und blablabla. Alles Weitere erfährst du sicher vor Ort. Osvaldo weiß schon Bescheid, setz dich mit ihm in Verbindung.« Osvaldo, das war ihr Kameramann.

»Ach, nö, Costantino! Nicht ins Hinterland!« Alice rollte mit den Augen. Sie liebte die Arbeit beim Sender, aber es war alles andere als einfach, diese kleinen Dörfer zu erreichen.

»Tut mir leid, Alice. Ich kann nicht nein dazu sagen. Ein Jugendfreund meines Vaters hat mich darum gebeten. Ein gewisser Don Natalino. Er ist auch dein Ansprechpartner. Du findest ihn … na ja … in der Kirche, nehme ich an.« Costantino sprach das aus wie eine Frage.

»Was hat denn eine verschwundene Katze mit der Kirche zu tun? Ist es seine?« Alice kniff die Augen leicht zusammen.

»Nein. Eben nicht. Aber die Katze soll irgendwelche magischen Kräfte besitzen und so ein Zeug.«

»Aberglaube trifft auf Katholizismus?« Das war nun doch interessant, musste sie sich eingestehen.

»Ja, aber mach es nicht zu kompliziert. Die wollen einfach nur ihre Katze wiederhaben. Neve heißt sie übrigens.«

Neve, wie der Schnee. Alice legte auf, beschloss, Frieden zu schließen mit ihrer neuen Aufgabe, und verließ das Büro.

Das Gebäude, in dem sie arbeitete, befand sich zentral an der Einkaufsstraße der kleinen Provinzstadt. Alice hielt sich den Mantel zu. Es war kühl. Im Dezember lag sogar auf dem nahe gelegenen Heiligen Berg oftmals Schnee. Ja, das glaubte nie jemand aus Süditalien, aber in den vielen Ortschaften, die sich nicht an der Küste befanden, wurde es durchaus kalt.

Die Fußgängerzone war weihnachtlich geschmückt mit Lichterketten und Leuchtfiguren, die so modern geworden waren, seit die nicht weit entfernte Provinzhauptstadt Salerno ein touristisches Event aus ihrer futuristischen Weihnachtsdeko gemacht hatte. Jahr für Jahr lockte die Hafenstadt damit unzählige Touristen aus dem Aus- und Inland an. Alice mochte es eher ruhig. Sie hatte nichts dagegen, in der Provinz zu leben. Ihr langjähriger Freund war hingegen ins Ausland gezogen, damals, nachdem er mit ihr Schluss gemacht hatte. Das war eine gefühlte Ewigkeit her. Sie hatte immer gedacht, nie darüber hinwegzukommen. Doch eines Tages war sie aufgewacht und hatte festgestellt, dass sie Frieden damit geschlossen hatte. Und jetzt hatte sie vor allem ihre Arbeit, die ihr Freude bereitete. Inzwischen war sie auch sehr gespannt auf Sant'Agata. Wie hieß die Katze noch? Neve, wie der Schnee. Wann war Alice das letzte Mal durch den Schnee gestapft? Das war tatsächlich schon eine ganze Weile her. Weihnachten mit Schnee? O ja, das wünschte sie sich plötzlich sehr.

Alice erreichte Sant'Agata am nächsten Morgen mit einem noch halb schlafenden Osvaldo auf dem Beifahrersitz. Das machte aber auch keinen Unterschied, er war nicht sehr gesprächig. Trotzdem kam Alice sehr gut mit ihm aus. Er arbeitete seit etwa fünf Jahren bei Guarda3. Sie verstanden sich ... ja ... eben ohne Worte, und das konnte beim Dreh durchaus ausschlaggebend sein. Guarda3 war ein kleiner Lokalsender. Sie machten sicherlich keine weltbewegenden Beiträge, trotzdem wollte Alice natürlich gute Aufnahmen. Dass sie klein waren, musste nicht bedeuten, dass ihre Arbeit Mittelmaß sein musste.

Alice parkte auf der Piazza und wunderte sich nicht sonderlich, dass sie das Auto ihrer direkten Konkurrenten entdeckte. Da! Der kleine weiße Panda mit der Aufschrift S 7TV. Na, wunderbar!

»*Andiamo*, Osvaldo! Lass uns ein paar Aufnahmen machen, bevor die anderen uns hier die ganze Story klauen.«

Osvaldo nickte, stieg umständlich aus dem Auto und blickte sich auf der Piazza um, die besonders hübsch aussah, umrandet von antik wirkenden Gebäuden mit niedlichen Läden im Erdgeschoss, die es in dieser Form kaum noch gab. Ihr Blick blieb an den Ladenschildern hängen. Reizend, ganz reizend. *Panificio* für Brot, *Macelleria* für Fleisch, *Frutta e Verdura* für Obst und Gemüse. Und natürlich der *Alimentari e Diversi*, also der berühmte Tante-Emma-Laden. Die obligatorische Bar lag hinter ihnen und sah aus wie mit Chlorbleiche gewaschen, weil die Farben irgendwie verblasst wirkten. Alice seufzte tief. Schön war es hier so weit oben über dem Meeresspiegel! Ruhig, idyllisch. Und ziemlich kalt! Sie pustete in die Hände und richtete ihren Mantelkragen auf.

Es war neun Uhr dreißig, das erzählte Alice die Kirchturmuhr, oder besser gesagt die Glocke, die gemächlich bimmelte, neun Mal tief, zwei Mal hell.

Jemand kam aus der Bar. Alice erkannte Michele, ihr männliches Gegenstück, sozusagen, das Gesicht von S 7TV. Und ein sehr gutaussehendes dazu.

»*Buongiorno!* Auch auf Katzensuche?«, fragte Michele freundlich und steuerte auf sie zu. Rocco, der Kameramann, rauchte gerade eine Zigarette und nickte ihr zu.

Die Sache mit Michele war, dass er viel zu nett und freundlich war, um ihn nicht zu mögen. Einerseits wich sie vor ihm zurück, immerhin arbeiteten sie hier an der gleichen Story, andererseits ertappte sie sich dabei, dass sie sich gern mit ihm unterhalten würde.

»Sieht so aus ...«

»Also, der Kaffee in der Bar war schon mal ganz hervorragend. Der Barista macht auch weihnachtlich dekorierten Cappuccino, was immer das bedeuten mag. Magst du einen?« Er zeigte mit dem Daumen auf die Bar. Michele war charmant. Und imposant. Gut zwei Köpfe größer als Alice. Die Frauen der Provinz schwärmten alle für ihn. Ja, klar, Alice auch ein bisschen, was sie natürlich für sich behielt.

»Vielleicht ein andermal. Ich würde jetzt gern mit der Recherche und dem Drehen beginnen.«

Michele kratzte sich am Kopf. Eine Strähne seines schwarzen, ordentlich gekämmten Haares rutschte ihm dabei in die Stirn. Er schob sie zurück. »Alice?«

»Hm?« Sie war etwas abgelenkt von der Haarsträhne.

»Wir müssen hier die gleiche Story liefern ... wir könnten doch zusammen recherchieren und mal zur

Abwechslung keine identischen, parallelen Aufnahmen liefern, sondern zusammen den Bericht machen. Beide vor laufender Kamera. Wir teilen uns
den Text. Was meinst du?«

»Das macht Costantino nicht mit. Barbara, deine
Chefin, bestimmt auch nicht.«

Er zuckte die Achseln. »Ich bin mir eigentlich
ziemlich sicher, dass sie beide zustimmen würden ...«

»Nein ...«

»Wetten?«

Sie sahen sich in die Augen, direkt auf der Piazza
des kleinen Ortes Sant'Agata, wo eine wunderschö-
ne, weiße Katze sich einfach so aus dem Staub gemacht hatte.

Michele sollte recht behalten. Weder Costantino noch
Barbara hatten etwas gegen einen gemeinsamen Bericht, den sie dann zeitgleich ausstrahlen würden.
Alice und Michele sprachen zunächst mit dem Pfarrer, der dringend darum bat, alle Zuschauer zum Suchen zu animieren. »Sant'Agata braucht Neve!«, so
sein leidenschaftlicher Aufruf. »Seit Jahren schon
bringt die weiße Katze für alle Bewohner gute Nachrichten. Das wollen wir nicht missen, gute Nachrichten brauchen wir hier alle.«

»Sie glauben also, dass die Katze Wunder voll-
bringt?«, fragte Alice vor laufender Kamera, Osval-

do hochkonzentriert, um die Antwort von Don Natalino perfekt einzufangen.

»Selbstverständlich!«, antwortete er so, als hätte sie die dümmste Frage aller Zeiten gestellt.

»Ist das überhaupt erlaubt, dass ein Pfarrer an die Wunder einer Katze glaubt?«, flüsterte Michele ihr amüsiert zu, als sie die Kirche verließen, um Gianna, Neves Besitzerin, kennenzulernen.

»Er sah mir sowieso nicht wie ein gewöhnlicher Pfarrer aus ...«, fand Alice, die sich über seinen Jogginganzug gewundert hatte.

Die Gasse, in der Gianna lebte, war eng, aber gleichzeitig auch romantisch. Blumentöpfe mit immergrünen Pflanzen säumten den Weg, in einigen Fenstern waren Weihnachtslichter zu erkennen, andere Fenster waren offensichtlich schon seit Jahren fest verschlossen. Alices *Nonna* war aus so einem Dorf gewesen, also wusste sie sehr gut, dass sich in einer kleinen Gasse eine ganze Welt verstecken konnte. Eine Welt aus Nachbarschaft, lachenden Kindern, nachts vorbeihuschenden Liebenden und vielem mehr. Alice bedauerte es plötzlich sehr, dass diese italienischen Gassen nur mehr wenigen Einwohnern Geborgenheit schenkten. Die Wahrheit war, dass die kleinen Orte des Hinterlands ausstarben. Unaufhaltsam.

Eine Frau mit Mütze blickte aus einem Fenster.

»*Buongiorno, buongiorno!*«, rief sie froh und winkte mit großer Gestik.

Für einen Augenblick stellte Alice sich vor, wie sie sich als alte Signora, die wahrscheinlich ihr ganzes Leben hier verbracht hatte, fühlen würde, wenn sie zwei Fernsehreporter und zwei Kameraleute entdeckte.

Alice winkte also zurück. »Wir suchen Gianna«, erklärte sie laut.

Die Frau zeigte auf das Haus gegenüber. »Die lebt da drüben. Klopft an. Die Klingel ist kaputt«, gab sie bereitwillig Auskunft.

Gianna öffnete und bat sie herein. »Geht es um Neve?«, fragte sie hoffnungsvoll. Und Alice begann zu verstehen, dass es hier tatsächlich nicht nur um eine Katze ging. Gianna sah sehr traurig aus. Im Haus verteilt waren viele Fotos von Neve. Ein wirklich außergewöhnlich hübsches Tier. Hier ging es um ein Familienmitglied. Mit diesem Gedanken wollte Alice nun weiter an diese Geschichte herangehen.

Sie nahmen alle in der etwas altmodisch wirkenden Sitzecke Platz, die trotzdem wie durch Magie irgendwie neu geblieben war. Die Polster des Sofas waren hart, wie gerade gekauft. Diese Ecke des Hauses wurde allem Anschein nach nur äußerst selten benutzt.

Alice beobachtete Gianna dabei, wie sie ein Foto von Neve holte. Giannas Alter war schwer zu schätzen. Auf den ersten Blick wirkte sie gebrechlich, aber im Haus bewegte sie sich so schwungvoll und sicher, als wäre Alter für sie gar kein Thema. Sie trug ihr graues Haar modisch kurz geschnitten. Ihr Kleid war hübsch und sah nach *Nonna* aus, darüber hatte sie eine moderne Strickjacke gezogen, die weich und warm zu sein schien. Gianna setzte sich. Osvaldo und Rocco filmten abwechselnd.

»Meine Neve ist eine gute Katze. Sie hat nie irgendetwas umgeschmissen oder gar zerkratzt oder angeknabbert. Und sehr sauber ist sie auch. Ein niedliches Ding. Sie lag eines Tages einfach vor meiner Tür, hat mich mit ihrem verzweifelten Miauen geweckt, das muss wohl vor etwa fünf Jahren gewesen sein. Auf jeden Fall war es Winter. Deshalb habe ich sie Neve genannt. Sie sah aus wie ein Schneeball.«

»Und es ist wahr, dass sie oft frohe Nachrichten überbringt?«, fragte Michele.

Alice mochte es, wie einfühlsam er bei der Fragestellung war. Er war wirklich ein feiner Kerl. Die Nähe zu ihm – sie waren unabsichtlich nebeneinander auf der kleinen Couch gelandet – war wirklich angenehm.

»Wir haben das zunächst gar nicht bemerkt. Erst nach einer Weile ist irgendwem aufgefallen, dass immer, wenn etwas Gutes oder Schönes im Ort passierte, Neve gesichtet wurde.«

Reiner Zufall, das war Alice ganz klar. Aber es war

schön, an Wunder zu glauben. Und wenn es Gianna und die Bewohner von Sant'Agata glücklich machte, umso besser.

Gianna begann zu erzählen, von all den Wundern, aber auch von einer Zeit, in der die Gassen des Ortes noch gefüllt waren mit Menschen, Geschichten und der großen Hoffnung einer glorreichen Zukunft. Irgendwann legten Osvaldo und Rocco die Kamera weg. Irgendwann brachte die Frau mit der Bommelmütze, die sich als Maria vorstellte, so unverschämt gut duftende Lasagne, dass keiner widerstehen konnte und sie von der Befragung beim Mittagessen landeten. Es schmeckte gut und vertraut, nach Familie und Gastfreundschaft. Don Natalino kam dazu, als hätte er die Lasagne gerochen, wozu er sich natürlich sehr gern einladen ließ. Und dann verlegte er die anstehende Chorprobe direkt zu Gianna. Eigentlich Zeit für Alice und die anderen zu gehen, aber das Singen war so schön, die Weihnachtslieder waren so vertraut, dass sie doch blieben und sich im Kerzenschein – Gianna hatte einen ganz wundervollen Adventskranz, der nach Tanne, Tradition und Weihnachten roch – daran versuchten, den Chor mit ihren Stimmen zu unterstützen. *Bianco Natale*, *Tu scendi dalle stelle*, und wie sie noch so alle hießen …

Nach dem Singen brachte Maria *Struffoli*, und sie knabberten daran, lutschten sich den guten Honig von den Fingern und lauschten weiterhin Giannas Geschichten von den Weihnachtsfeiern ihrer Kindheit, in der es Orangen, Nüsse und Äpfel als Geschenke gab. »Nie wieder habe ich mich so sehr über ein Geschenk gefreut wie zu der Zeit, als Obst mir das Schönste und Kostbarste auf der Welt zu sein schien.«

Und dann brachte sie Orangen, Nüsse und Äpfel, und sie alle aßen mit einem ganz anderen Bewusstsein davon. Es war wundervoll, ein ganz kostbarer Moment.

Alice merkte sehr wohl, dass Michele ihr Blicke zuwarf, die nichts mit der Arbeit zu tun hatten. Doch sie schob es auf die Atmosphäre, auf die Magie des Ortes. Michele konnte schließlich nicht an ihr als Frau interessiert sein. Oder?

»Nun ist es schon dunkel ...«, bemerkte Osvaldo irgendwann. Es war gerade so bequem bei Gianna, dass Alice sich richtig zwingen musste, sich daran zu erinnern, weshalb sie eigentlich hier war.

»Ja. Wir haben aber nicht genug Aufnahmen aus dem Ort«, erklärte Rocco.

»Dann müssen wir morgen wiederkommen«, schlussfolgerte Michele völlig richtig.

»Oder ihr schlaft direkt hier und beendet eure Arbeit morgen früh«, schlug Gianna vor.

Das klang verlockend. Alice war vom vielen Essen und von den Geschichten und dem Beisammensein müde. Eine lange Kurvenfahrt war jetzt nicht das, was ihr vorschwebte. »Kannst du uns ein Hotel empfehlen?«, fragte sie Gianna.

»Aber ihr braucht doch kein Hotel! Bei mir sind zwei Zimmer frei. Ebenso bei Maria drüben, die sich sicher auch freut, euch über Nacht hierzuhaben.«

»Also, ich nehme das Angebot dankend an«, erklärte Michele und unterdrückte ein Gähnen.

»Ebenso!«, meldete sich Osvaldo.

Es war also beschlossene Sache. Und der Zufall wollte, dass Alice im Zimmer neben Michele landete.

Alice fiel in einen traumlosen, kuscheligen Schlaf. Die Ruhe lullte sie ein, trug sie, entspannte sie. Es war so leise, so wundervoll. Wie in einem in Watte gepackten Land. Deshalb war sie sofort hellwach, als sie irgendwann nachts ein Geräusch hörte. Es dauerte einen Moment, bis sie genau identifizieren konnte, was es war: ein Miauen. Sie sprang aus dem Bett und riss die Tür auf, wo sie direkt gegen Michele knallte.

»'tschuldigung!«

»Oh, Verzeihung!«

»Hast du es auch gehört?«, fragte er leise, um Gianna nicht zu wecken, und spitzte die Ohren.

Alice nickte. Ja, und ob!

Ruhig warteten sie ab und horchten in die Stille des Hauses. Nichts. Kein weiteres Miauen.

»Ich könnte schwören ...«, erklärte Alice, ließ den Satz aber in der Schwebe.

»Ja ...«

Sie zuckte mit den Achseln. »Vielleicht ein Traum.«

»Oder ein Wunder.«

Sie lachten leise, dann sahen sie sich an. Im Schein des Nachtlichtes, das im Flur leuchtete. Michele hob vorsichtig die Hand, steckte eine Strähne, die sich aus Alice' Haar gelöst hatte, hinter ihrem Ohr fest. Dann küsste er sie leicht auf die Stirn. Eine zarte Berührung nur, aber sie haute Alice sprichwörtlich um. Gut, dass sie sich an die Wand lehnen konnte ...

»*Buonanotte*«, wisperte er, hielt kurz inne, ging aber dann doch zurück auf sein Zimmer. Er hatte keine Antwort abgewartet. Das war auch ganz gut so, denn sie wusste nicht, ob sie einen Ton herausbekommen hätte.

Am nächsten Morgen erwachte Alice ungewöhnlich spät. Das mochte am grauen Himmel liegen. Oder an der Ruhe. Hier gab es keinen Autolärm, keine lauten Nachbarn. Nur Idylle. Und Stille. Als sie frisch gewaschen und angezogen nach unten ging, war nur Gianna da, also nahm sie ihr Handy aus der Tasche, um zumindest Osvaldo zu erwischen und zu besprechen, wie es mit den Aufnahmen weitergehen sollte. Doch dazu kam sie gar nicht. Sieben eingegangene Anrufe von Costantino – und sie hatte es nicht gehört. Und eine Nachricht hatte er ebenfalls geschrieben.

Hervorragend! S 7TV sendet bereits Euren Beitrag. Seit 8 Uhr. Was soll das?

Alice klappte die Kinnlade herunter. Enttäuschung und Wut brannten in ihrer Brust. Michele hatte also nur so getan. Er war gar nicht nett, sondern berechnend und gemein. Zuerst hatte er sie überredet, einen gemeinsamen Beitrag zu drehen, und am Ende interessierte ihn nur, dass sein Sender zuerst ausstrahlen konnte. Was für eine Gemeinheit! Er hatte sie belogen und, ja, betrogen! Sie hatte genug von Sant'Agata, Neve, vor allem aber von Michele. Sie wollte nur noch heim, riss sich aber zusammen, verabschiedete sich, so nett es unter den gegebenen Umständen ging, von Gianna, die jedoch anderer Meinung war.

»Du kannst jetzt nicht gehen«, fand Gianna.

»Nein?« Alice wollte nicht unhöflich sein, aber sie musste dringend weg von hier.

»Das wird nicht klappen, Kindchen. Es schneit!«

Alice blickte aus dem Fenster. Und in der Tat wirbelten dicke Schneeflocken umher. »Das bisschen Schnee ...«, sagte sie achselzuckend. Also umarmte sie Gianna und verließ das Haus.

Zugegeben, es sah nicht nach einem bisschen Schnee aus. Es lag schon ziemlich viel am Boden. Und die dicken Flocken, die sie von innen noch wun-

derschön gefunden hatte, waren nun eher bedroh-
lich. Sie sah keine zwei Meter weit. Trotzdem wollte sie zu ihrem Auto, der Schnee ließ sicher gleich
nach.

Sie musste sich durchkämpfen. Bis zur Piazza
schaffte sie es zwar, aber die Vorderseite ihres Man-
tels war komplett mit weißer Pracht bedeckt.

»Hey, Alice! Wo willst du hin?« Michele kam aus
der Bar. Das war wohl sein Lieblingsplatz hier in
Sant'Agata ...

»Das geht dich nichts an!«

Michele sah sie so überrascht an, dass sie ihm zu
seinem schauspielerischen Talent gratulieren wollte.

»Ich dachte ... ich meine ...«, stotterte er.

»Kompliment! Du hast mich dumme Nuss wirklich glauben lassen, dass du mit mir zusammenarbei-
ten wolltest!« Der Schnee fiel aus allen Richtungen.
Sie musste blinzeln, um überhaupt etwas zu sehen.
Die Flocken legten sich auf sie, um sie, bedeckten
sie, umhüllten sie.

»Ich verstehe kein Wort!«

Sie nahm ihr Handy aus der Tasche und reichte es
ihm, nachdem sie Costantinos Nachricht herausge-
sucht hatte.

Er las, und sein Gesichtsausdruck veränderte sich
schlagartig. Das konnte gar nicht gespielt sein. Viel zu
ehrlich wirkten seine Gefühlsregungen. »Scheiße, das
muss Rocco gewesen sein!«

Nun war Alice richtig konfus. Und sie begann zu frieren. Was für ein gigantischer Schneefall. Sie realisierte jetzt erst so richtig, was um sie herum geschah.

Doch dann kam Don Natalino auf sie zugelaufen – so gut es im Schnee ging. Er winkte aufgeregt. »Kommt! Kommt schnell! Ich muss euch etwas zeigen!«

Alice und Michele sahen sich einen Augenblick lang an, dann nahm er ihre Hand. Und sie ließ es geschehen.

Gespannt folgten sie dem Pfarrer in die Kirche. Er führte sie geradewegs zu einer Krippe mit fast lebensgroßen Figuren. Ganz leise schob er einen Vorhang zur Seite, der den Eingang zur heiligen Grotte bedeckte. Und ganz tief in der Grotte, direkt im Bettchen des Jesuskindes, lag zusammengerollt keine andere als Neve. Sie blickte auf und miaute.

Es war Weihnachten in Sant'Agata, Gianna saß am Kamin, Neve lag auf ihrem Schoss, ließ sich streicheln. Es klopfte an der Tür. »*Avanti!*«, rief Gianna. Alice und Michele traten ein, Hand in Hand.

Ein weiteres Wunder von Neve?

Ja, vielleicht ...

Marias Struffoli

Zutaten

für die Struffoli:
400 g Mehl
60 g Butter
40 g Zucker
3 Eier
1 Eigelb
1 geriebene Orangenschale
15 ml Likör
Frittieröl
1 Msp. Salz

für die Dekoration:
300 g Honig
100 g kandierte Früchte
(Maria nimmt 50 g Orangeat, 50 g Zitronat)
bunte Zuckerstreusel

Zutaten für die Struffoli in eine Schüssel geben – Butter schmelzen, aber nicht heiß verwenden –, energisch zu einem weichen, glatten Teig verarbeiten und etwa 30 Minuten ruhen lassen. Dann lange, feine Schlangen daraus bilden und in kleine, etwa 1 cm große Stücke schneiden. Schließlich frittieren und abtropfen lassen.

Honig in einer großen Pfanne leicht erhitzen, Struf-foli, kandierte Früchte und Zuckerstreusel hinzuge-ben und vorsichtig mit einem Holzlöffel verrühren, sodass die Zutaten schön miteinander vermengt wer-den. Dieser Vorgang muss beendet sein, bevor der Ho-nig wieder erkaltet.

Maria portioniert die Struffoli bereits in weihnacht-lichem Cupcake-Papier, aber nach Tradition wird die Honigmasse auf einen großen Servierteller gege-ben und noch warm zu einem Kranz geformt, von dem jeder nehmen darf, denn Weihnachten bedeu-tet auch Zusammenhalt und Teilen.

Quellenverzeichnis

Annette Amrhein
Schwarze Weihnachtskatze von links nach rechts, S. 55
Originalbeitrag. © Annette Amrhein. Abdruck mit freundlicher
Genehmigung der Autorin.

Claire Beyer
Karls Katze. Oder wie es hätte sein können, S. 7
Originalbeitrag. © Claire Beyer. Abdruck mit freundlicher Ge-
nehmigung der Autorin.

Dorette Deutsch
Olga ist weg, S. 18
Originalbeitrag. © Dorette Deutsch. Abdruck mit freundlicher
Genehmigung der Autorin.

Ellen Dunne
Die Katzensitterin, S. 97
Originalbeitrag. © Ellen Dunne. Abdruck mit freundlicher Ge-
nehmigung der Autorin.

Roberta Gregorio
Das Wunder von Sant'Agata, S. 188
Originalbeitrag. © Roberta Gregorio. Abdruck mit freundlicher
Genehmigung der Autorin.

Gabriela Jaskulla
Ein feiner Herr, S. 34
Originalbeitrag. © Gabriela Jaskulla. Abdruck mit freundlicher
Genehmigung der Autorin.

Bald ist Weihnachten!

Die schönsten
Weihnachtsgeschichten
für Kinder

Zauberhafte Weihnachten – jedes Jahr aufs Neue beglückt uns
das Fest der Liebe. Es ist eine aufregende, unvergleichliche Zeit
der gespannten Erwartung, der Ungeduld und der Sehnsucht –
vor allem für Kinder.
Der Wunschzettel ist geschrieben, der Adventskalender gefüllt,
die Vorbereitungen laufen auf Hochtouren, mit allem, was
dazugehört. Vom Tannenbaum über den Nikolausstiefel und
das Aufstellen der Krippe, von Plätzchenduft und Kerzenschein
bis hin zu heimlichen Geschenkbesorgungen und überraschen-
den Gästen.
Von der schönsten Zeit des Jahres erzählen die hier versammelten Geschichten und Gedichte und verkürzen die Wartezeit bis
zum Fest – für die ganze Familie. Mit Texten von Isabel Abedi,
Hans Fallada, Cornelia Funke, Paul Maar, René Goscinny, Jut-
ta Richter, Heinz Janisch, Jörg Zink, Andreas Steinhöfel, Regi-
na Schwarz, Barbara Veit, Friedrich Wolf, Louisa May Alcott,
Erich Kästner, Theodor Fontane, Antonie Schneider und vielen
anderen.

Die schönsten Weihnachtsgeschichten für Kinder. Herausgegeben von Christiane Schwabbaur. insel taschenbuch 5001.
237 Seiten.

Wunderbare Weihnachtsgeschichten

Weihnachten ist das Fest der Besinnlichkeit und Symbol immer wieder erneuerter Hoffnungen. Über allen der Wunsch nach Frieden in der Welt und Glück im privaten Leben.

Die hier versammelten Geschichten erzählen vom Wunder der Heiligen Nacht, mit dem alles begann, vom Kindheitstraum Weihnachten und vom Fest im Kreis der Familie, ebenso wie von freudiger Erwartung und davon, was in dieser besonderen Zeit alles passieren kann.

Mit Texten von Hans Christian Andersen, Peter Bichsel, Bertolt Brecht, Alex Capus, Peter Handke, Hermann Hesse, Erich Kästner, Rafik Schami, Wilhelm Schmid, Uwe Tellkamp, Elizabeth von Arnim, Marieluise Fleißer, Marie Luise Kaschnitz, Selma Lagerlöf, Root Leeb, Else Lasker-Schüler, Sheila O'Flanagan u. v. a.

Das große Weihnachtsbuch. insel taschenbuch 4936. 330 Seiten.

Weihnachten ist Lese- und Vorlesezeit

Weihnachtszeit ist Lese- und Vorlesezeit. Dieser Band versammelt die schönsten Advents- und Weihnachtsgeschichten zum Vorlesen für die ganze Familie. Heiteres und Besinnliches, Klassisches und Modernes für Alt und Jung.

Von Vorfreude und spannender Erwartung, von den Festen ihrer Kindheit und Stunden im Kreis der Familie, aber auch von ganz besonderen Überraschungen am Weihnachtsabend erzählen die in diesem Band versammelten Autorinnen und Autoren.

Zauberhafte Weihnachtsgeschichten zum Vorlesen. Herausgegeben von Gesine Dammel. insel taschenbuch 4803. 189 Seiten.